Jagd-ABC

für alle, die Jäger werden wollen.

Von

Ernst von Dombrowski.

Mit 36 Textabbildungen.

Berlin.

1896.

ISBN 978-3-941351-00-4

www.edition-artio.de

Vorwort.

Früher ein ausschließliches Vorrecht der bevorzugten Stände und des nach strengen Regeln in langer Lehrzeit ausgebildeten Berufspersonales, ist die Jagd heute ein Gemeingut Aller geworden, welche Lust, Zeit und körperliche Eignung zu ihrer Ausübung besitzen. Im allgemeinen erscheint dies, von den gegenwärtig die Kulturwelt beherrschenden Gesichtspunkten aus betrachtet, nur natürlich, und die vielseitige Teilnahme an den Freuden des Weidwerks wäre auch für dieses selbst eher von Nutzen als von Schaden, wenn nur nicht so sehr viele Menschen der Ansicht huldigen wollten, daß man sich, um Jäger zu sein, eben bloß ein Gewehr zu kaufen, einen Jagdschein zu lösen und dann und wann auf ein paar arme Kreaturen herumzuknallen brauche. Daran, daß die Jagd, richtig aufgefaßt und ausgeübt, einerseits ein hoher, edler Beruf, andererseits eine weit ausgebreitete Wissenschaft sei, die gelernt sein will wie jede andere, daran denken die wenigsten, und die daran denken oder erinnert werden, setzen sich nur zu oft mit souveränem Achselzucken über solche „veraltete Anschauungen" hinweg. Sie betrachten die Jagd bloß als ein Mittel, müßige Stunden auszufüllen, frische Luft zu genießen, Bewegung zu machen und dem Schießsport zu fröhnen; wer aber der Jagd keine andere Tendenz zu geben weiß, genießt sie nur halb und rechtfertigt zum Teil jene Anfeindungen, welche gegen das Weidwerk von vielen Seiten als eine rohe Belustigung erhoben werden.

Es kann nicht meine Absicht sein, in dem gesteckten engen Rahmen hier gleichsam ein kurzgefaßtes Handbuch der gesamten Jagdkunde bieten zu wollen; ich muß mich hinsichtlich der Jagdwissenschaft mit einer orientierenden Übersicht begnügen, dagegen aber soll der erste Teil den Anfänger verläßlich in die Praxis der Jagd einführen, ihn jagdlich erziehen, ihn das korrekte Verhalten namentlich auf gesellschaftlichen Jagden lehren und so einerseits ihn selbst vor verdienten unangenehmen Zurechtweisungen, andererseits die ältere Jägerwelt vor Elementen bewahren, die sich in leichtsinniger Weise zu Treibjagden drängen, ehe sie das ABC der Jagd inne haben. Ein solches ABC ist hier gegeben, und allen werdenden jungen Weidgenossen, die sich bemühen, es gründlich in sich aufzunehmen, bevor sie zur Waffe greifen, rufe ich herzliches Weidmannsheil zu!

Emmersdorf bei Melk, Niederösterreich, Sommer 1896.

Der Verfasser.

Inhalt.

Erster Teil. Einführung in die praktische Jagdkunde.

Seite

I. Das Jagdgewehr, seine Auswahl, Behandlung und Führung 1
  1. Wahl der Waffe 1
  2. Die Reinhaltung des Gewehres 13
  3. Das Lademateral und die Anfertigung der Patronen 15
  4. Die Schießkunst 20

II. Das Verhalten des Schützen auf der Jagd 25
  1. Allgemeines 25
  2. Der Ansitz 32
  3. Die Krähenhütte 36
  4. Feldjagden 38
  5. Waldjagden auf Reh- und Niederwild 43
  6. Treibjagden auf Hochwild 49
  7. Die Birsch; Anschuß, Schußzeichen und Nachsuche .. 51
  8. Balzjagden 63
  9. Sumpf- und Wasserjagden 66

Zweiter Teil. Einführung in die Jagdwissenschaft.

I. Allgemeine Übersicht 69
II. Einteilung der Wildarten und jagdzoologische Übersicht .. 70
  1. Säugetiere 71
  2. Vögel 72

III. Zoologische Notizen über die wichtigsten Wildarten .. 77
  1. Rotwild 77
  2. Rehwild 80
  3. Damwild 82
  4. Elchwild 82
  5. Gemswild 83

	Seite
6. Schwarzwild	84
7. Feldhase	85
8. Kaninchen	86
9. Auerwild	87
10. Birkwild	87
11. Fasan	88
12. Rebhuhn	88
13. Waldschnepfe	89
14. Stockente	89
IV. Die Kynologie	94
1. Der Vorstehhund	94
2. Der Schweißhund	99
3. Der Dachshund	100
4. Der Foxterrier	101
V. Grundzüge der Weidmannssprache	102
1. Rotwild	102
2. Rehwild	105
3. Damwild	105
4. Elchwild	106
5. Gemswild	106
6. Schwarzwild	106
7. Bär	107
8. Wolf	108
9. Luchs	108
10. Hase	108
11. Kaninchen	109
12. Dachs	110
13. Fuchs	110
14. Auerwild	111
15. Birkwild	111
16. Haselwild	111
17. Rebhuhn	112
18. Waldschnepfe	112
19. Wildente	113
20. Raubvögel	113

Erster Teil.
Einführung in die praktische Jagdkunde.

I. Das Jagdgewehr, seine Auswahl, Behandlung und Führung.

1. Wahl der Waffe.

Das wichtigste und vornehmste Objekt unter der jagdlichen Ausrüstung bildet das Gewehr, und es kann dem Anfänger deshalb nicht genug Sorgfalt bei der Auswahl desselben empfohlen werden, denn von der Güte des Gewehres an sich und von dessen passender Schäftung hängt es ab, ob der Schütze bei einiger Übung rasch und sicher jenen Grad der Fertigkeit im Schießen erlangt, der für ihn bei seinen Anlagen überhaupt erreichbar ist. Ich lernte schon manchen Jagdfreund kennen, der ganz unglücklich über sein trotz aller Exercitien auf Glaskugeln, Thontauben und ähnliche Objekte herzlich schlechtes Schießen war und dann plötzlich, sozusagen über Nacht, zu einem ganz leidlichen Schützen wurde, weil er sein ihm ungünstig liegendes und vielleicht überhaupt schlechtes Gewehr mit einem passenden, gut schießenden vertauscht hatte. Immer freilich ist das Gewehr nicht schuld, wenn es ein Anfänger in der jagdlichen Schießkunst zu nichts bringt, wohl aber in sehr vielen Fällen.

Ein Gewehr liegt dann gut, wenn Länge und Krümmung des Schaftes den Körperformen des Schützen genau entsprechen. Um sich hiervon zu überzeugen, wählt man sich irgend ein ziemlich horizontal gelegenes Zielobjekt, faßt es scharf ins Auge und schlägt das Gewehr rasch darauf an. Hat man das Ziel bei geschlossenem linken Auge gleich im ersten Augenblick, ohne also erst danach suchen zu müssen, auf dem Korn und sitzt letzteres zwischen den Hähnen auf der rückwärtigen Laufkante auf, so liegt das Gewehr gut. Sieht man das Korn gar nicht oder doch nur den obersten Teil desselben, so ist der Schaft zu lang und vielleicht auch zu gerade, sieht man außer dem

I. Teil. Einführung in die praktische Jagdkunde.

Korn auch noch einen Teil des hinter ihm liegenden Laufes, so ist das Gewehr zu kurz und vielleicht auch zu steil geschäftet; in ersterem Falle würde der Schütze bei raschen Schüssen, namentlich auf laufendes Wild, immer zu tief, in letzterem immer zu hoch abkommen, also sehr oft gänzlich fehlen oder doch nur selten ein Stück regelrecht auf den Kopf stellen. Wählt sich daher der Schütze nicht selbst nach den vorstehenden Regeln sein Gewehr in der Waffenhandlung aus, sondern bestellt er dasselbe

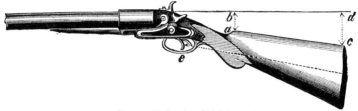

Fig. 1. Messen der Schaftlage.

auswärts, so muß er bei seinen Bekannten Umschau halten, bis er eine ihm tadellos liegende Waffe findet. An dieser nimmt er dann die Schaftmaße in der durch Fig. 1 veranschaulichten Weise ab und teilt der betreffenden Firma die Dimensionen der Linien AB, CD und EF, in Centimetern angegeben, bei der Bestellung mit. In gar keinem Falle soll sich irgend jemand, am wenigsten ein Anfänger, verleiten lassen, ein ihm schlecht liegendes Gewehr etwa seiner netten Ausstattung oder seines vielleicht vorzüglichen Schusses wegen zu kaufen.

Sehr korpulente, breitschulterige Personen müssen übrigens noch auf ein weiteres Moment achten, dessen Wichtigkeit auch älteren Jägern

Fig. 2. Schäftung für sehr breitschulterige Schützen.

oft nicht in vollem Umfange bekannt ist. Für so veranlagte Schützen darf nämlich die Längsachse des Gewehres keine Gerade bilden, der Schaft muß vielmehr eine mächtige Kurve darstellen, wie dies Fig. 2 veranschaulicht; andernfalls würde der Schütze beim Anschlagen immer eine umso gezwungenere, unnatürlichere Stellung annehmen müssen, je breiter er gebaut ist.

I. Das Jagdgewehr, seine Auswahl, Behandlung und Führung. 3

In Bezug auf das System der Schäftung, deren drei gebräuch=
lichste Hauptformen unsere Fig. 3, 4 und 5 zeigen, brauchen eigentlich
bloß Geschmack und Gewohnheit zu entscheiden, man kann nicht gut

Fig. 3. Deutsche Schaftform.

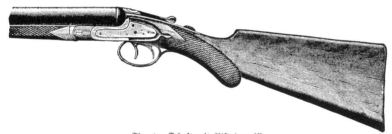

Fig. 4. Schaft mit Pistolengriff.

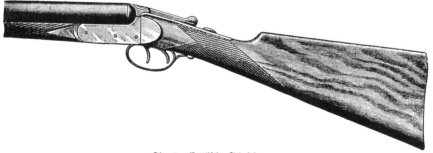

Fig. 5. Englische Schaftform.

sagen, welche von ihnen die günstigste ist. Die beiden letzteren Schaft=
formen haben keine Backe, doch kann man sich natürlich auch an ihnen
eine solche anbringen lassen. Die Schaftform 4 mit oder ohne mäßiger
Backe ist heute für bessere Gewehre die am häufigsten angewendete.

1*

Was nun das Gewehrsystem betrifft, so soll der Anfänger zu einem möglichst einfachen greifen, in keinem Falle rate ich ihm, sich gleich einen Selbstspanner mit oder ohne Hähne oder einen Drilling anzuschaffen, da die Handhabung dieser an sich sehr praktischen Waffen doch schon eine gewisse Routine voraussetzt; in der Hand eines Neulings möchte ich sie nie sehen, d. h. ich möchte wenigstens nicht an einer Treibjagd teilnehmen, wo sie von Anfängern ins Feuer geführt werden, — das Wild hat in solchen Fällen fast weniger zu fürchten, als Nachbarschützen und Treiber. Ein nicht allzu schweres, gut liegendes, einfaches Lancaster-Doppelgewehr Kaliber 16 mit Rückspringschlössern und Skottverschluß, wie es unsere Fig. 6 zeigt, ist für den angehenden Jagdliebhaber unter allen Umständen die bequemste, sicherste Waffe. Ein solches Gewehr, wirklich solid gebaut und gut eingeschossen, kostet in einfacher Ausstattung 120 bis 130 Mk. (70 bis 80 fl.), zur Anschaffung einer billigeren Waffe rate ich niemandem, sie kann nie das halten, was marktschreierische Anpreisungen verkünden; auch unter billigeren Schrotgewehren finden sich wohl einzelne, die zufällig sehr gut schießen, solid gebaut und dauerhaft können sie aber nicht sein.

Fig. 6. Moderne Lancaster-Doppelflinte.

I. Das Jagdgewehr, seine Auswahl, Behandlung und Führung.   5

Bezüglich der Schlösser für Hahngewehre unterscheidet man rück=
springende und nicht rückspringende; bei ersteren springt nämlich der
Hahn beim Abdrücken, gleich nachdem er den Schlagstift berührt, wieder
in die Ruhrast zurück, während er bei letzteren auf dem Schlagstift,

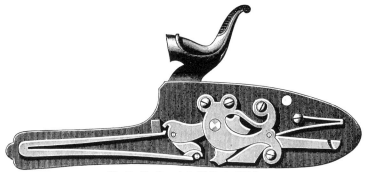

Fig. 7. Vorliegendes Rückspringschloß.

diesen anpressend, ruhen bleibt, so daß man ihn, ehe man das Gewehr
wieder öffnen kann, erst in die Ruhrast spannen muß, was natürlich
immerhin einen Zeitverlust beim Laden verursacht. Schlösser dieser Art

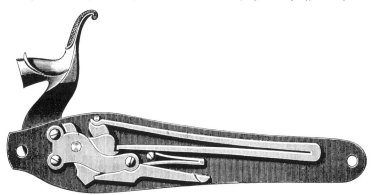

Fig. 8. Rückliegendes Rückspringschloß.

werden daher heute bloß noch für ganz billige Waffen angewendet.
Rückspringschlösser werden entweder mit vorliegender oder mit rück=
liegender Schlagfeder konstruiert, wie dies unsere Fig. 7 und 8 dar=
stellen, und zwar giebt man besseren Gewehren meist solche mit vor=

6   I. Teil. Einführung in die praktische Jagdkunde.

liegenden Schlagfedern, doch werden teure Waffen auch oft mit Rück=
springschlössern von jener kompendiösen Form ausgestattet, die unsere
Fig. 9 zeigt.

Fig. 9. Modernes Rückspringschloß.

Läufe für Schrotwaffen werden vorzugsweise aus Damast ver=
schiedener Art hergestellt, billigere aus Banddamast, bessere aus Huf=
nagel=, Bernard=, Rosen= oder englischem Damast. Neuester Zeit kommt

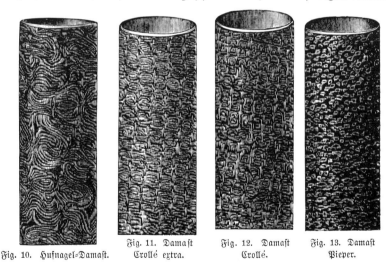

Fig. 10. Hufnagel=Damast. Fig. 11. Damast Fig. 12. Damast Fig. 13. Damast
                            Crollé extra.   Crollé.   Pieper.

auch Stahl vielfach in Anwendung, doch ist nur der teure Krupp'sche
Special=Gewehrlaufstahl (Gewehre von Sauer & Sohn in Suhl) gutem
Damast gleichzustellen oder vorzuziehen, alle anderen Stahlsorten stehen

I. Das Jagdgewehr, seine Auswahl, Behandlung und Führung.

hinter Damast an Schußleistung und Haltbarkeit zurück, ganz abgesehen davon, daß ein Gewehr durch Damastläufe ein eleganteres Aussehen erhält.[1]) Man unterscheidet bei Schrotgewehren glatte Läufe und solche mit Würgebohrung (choke bored). Erstere haben eine rein cylindrische, bezw. meist nach vorne zu gleichmäßig etwas verengte Bohrung, letztere dagegen sind im letzten Drittel auf eine bestimmte Strecke konisch gebohrt, worauf sie cylindrisch ausmünden. Die Würgebohrung hat den Zweck, eine bessere Deckung herbeizuführen, erfüllt ihn aber nur, wenn sie sehr korrekt ausgeführt ist, also meist bloß bei teuren Gewehren. Dem An=

Fig. 14. Damast Crollé=Pieper.   Fig. 15. Damast Bernard.   Fig. 16. Rosen= Damast.   Fig. 17. Damast Etoile.

fänger sind nur glatte Läufe zu empfehlen, da sich naturgemäß bei guter Würgebohrung die Schwierigkeit des Treffens wesentlich steigert, auch soll er vorläufig nicht auf Distanzen schießen, die einen besonders stark konzentrierten Schuß erfordern.

Das Kaliber der Läufe, d. h. deren Weite, ist verschieden; die gebräuchlichsten Nummern sind Kal. 16 und 12, mit 16,8 bezw. 18,6 mm Durchmesser. Anfänger sollen entschieden ersteres Kaliber wählen, man

---

[1]) Fig. 10—17 sind nach Damastläufen gemacht worden, welche die berühmte Gewehrfabrik von H. Pieper in Berlin der Verlagshandlung in liebenswürdiger Weise zur Verfügung stellte.

muß mit ihm etwas schärfer zielen, als mit letzterem, dessen Streukegel bei gleicher Laufgüte stets etwas größer ist, eben deshalb aber gewöhnt sich der junge Jäger mit ihm leicht schleuderhaftes Schießen an; um dies zu vermeiden, ist es sogar gut, für den Anfang ein noch kleineres Kaliber, am besten Kaliber 20 (15,6 mm Durchmesser) zu wählen und erst nach zwei oder drei Jahren zu Kal. 16 oder 12 zu greifen.

Neuerer Zeit werden die Hahngewehre immer mehr durch Selbstspannersysteme mit und ohne Hähne verdrängt, welche allerdings große Vorteile bieten, die ich aber aus den schon erwähnten Gründen nur solchen Jägern empfehlen möchte, die wenigstens zwei Jahre hindurch ein Hahngewehr gebraucht und sich mit der Führung des Gewehrs auf der Jagd vollkommen vertraut gemacht haben. Die Selbstspanner ohne Hähne (Fig. 18) spannen sich jedesmal von selbst, wenn man den Verschluß öffnet und die Läufe herabkippt, zugleich aber springt bei den neueren Systemen von selbst ein hinter dem Verschlußhebel oben auf dem Kolbenhals befindlicher Knopf zurück, d. h. das Losschlagen der Schlösser, obwohl sie gespannt sind, wird verhindert; vor Schußabgabe muß daher dieser Sicherungsknopf wieder nach vorn geschoben werden, worauf beide Läufe schußbereit sind. Da bei den Selbstspannern das Spannen der Hähne wegfällt, wird die Ladeschnelligkeit wesentlich erhöht, überdies bieten sie den Vorteil eines freieren Gesichtsfeldes. Unter den vielen bestehenden Systemen, die alle nur in der Schloßkonstruktion voneinander abweichen, hat sich das von Sauer & Sohn in Suhl weitaus am besten bewährt, gleichwertig sind nur einzelne englische Systeme, z. B. jenes von Anson & Deeley, doch stellen sich dieselben im Preise so hoch, daß sie für die Mehrzahl der Jäger schon aus diesem Grunde nicht in Betracht kommen können. Ein gutes Sauer'sches Doppel-Schrotgewehr ohne Hähne stellt sich in einfacher Ausstattung auf 200—250 Mk., billigere Selbstspanner sind nicht zu empfehlen.

Seit einigen Jahren besteht auch ein sehr sinnreich konstruiertes Selbstspannersystem mit Hähnen, das Kronengewehr von Gustav Fückert in Weipert, Böhmen (Niederlage in Bärenstein bei Zwickau, Sachsen), in Fig. 19 dargestellt. Dasselbe bietet gleichfalls die vorerwähnten Vorteile der Selbstspanner, hat aber noch den weiteren Vorzug, daß die außen tief in die Schloßplatten eingelassenen Hähne jederzeit erkennen lassen, ob die Waffe gespannt ist oder nicht, was bei keinem

I. Das Jagdgewehr, seine Auswahl, Behandlung und Führung. 9

anderen Selbstspannersystem möglich erscheint; ferner verrauchen bei

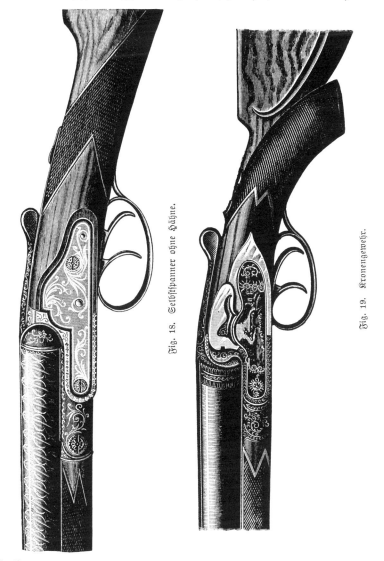

Fig. 18. Selbstspanner ohne Hähne. Fig. 19. Kronengewehr.

starkem Gebrauch die Schlösser nicht, wie dies bei nicht sehr solid ge=
bauten Hammerleßgewehren oft geschieht, da bei diesen die Schlagstifte

immer nach den Schlössern zu, beim Kronengewehr aber nach außen münden, so daß etwa entweichende Pulvergase auch nach außen austreten können. Der Preis eines guten Kronengewehres ist etwa derselbe wie jener eines Sauerschen Selbstspanners.

Alle besseren modernen Gewehre haben Patronenzieher, d. h. eine Vorrichtung, welche die Patronen beim Öffnen des Gewehres so weit vorschiebt, daß sie sich dann bequem mit den Fingern fassen und herausnehmen lassen. Neuester Zeit hat man auch automatische Patronenauswerfer (Ejektor) erfunden, eine außerordentlich praktische Neuerung, welche aber den Preis eines Gewehres sehr wesentlich, je nach Konstruktion um 50—100 Mk. (30—60 fl.) erhöht. Dieser Auswerfer wirkt auf volle Hülsen wie der gewöhnliche Patronenzieher, abgeschossene Hülsen dagegen schleudert er selbstthätig heraus, so daß man also bei einem Selbstspanner mit Ejektor, wenn beide Läufe abgeschossen wurden, gegenüber einem normalen Hahngewehr vier Griffe erspart, nämlich das Herausnehmen der beiden abgeschossenen Hülsen und das Spannen der zwei Hähne.

Wir gelangen nun zu den Büchsen, zu welchen freilich kein Jäger greifen soll, bevor er nicht mit der Schrotwaffe gut umzugehen versteht. Der wesentliche Unterschied zwischen der nur für den Schrotschuß bestimmten Flinte und der nur dem Kugelschuß gewidmeten Büchse besteht darin, daß die Laufseelen der ersteren glatt gebohrt, jene der letzteren aber mit im Drall gehaltenen Zügen versehen sind. Die Konstruktion der Züge ist sehr verschieden, heute herrscht die Gruppe der Expreßzüge vor und mit ihnen die Expreßbüchse.

Auch Büchsen werden in sehr verschiedenen Kalibern und ebenso für sehr verschieden geformte Geschosse gebaut. Das weitaus universellste, in seiner Wirkung auf alles europäische Wild am meisten zufriedenstellende System ist Kal. 500 (kurze Patronen), welches aus einem ziemlich kurzen, vorn abgeplatteten, rückwärts mit drei Rillen versehenem Weichbleigeschoß von 12,7 mm Durchmesser besteht (Fig. 20), das mit 5 g Schwarzpulver geschossen wird. Dieses Blei, welches ich seit Jahren fast ausschließlich führe, ist in seiner Wirkung auch für den stärksten Hirsch, Bären oder Keiler vollkommen ausreichend, giebt sehr viel Schweiß, es ruiniert bei geringerem Wild, z. B. bei Rehböcken, das Wildbret nie übermäßig und besitzt eine Rasanz, die für jagdliche Zwecke durchaus

I. Das Jagdgewehr, seine Auswahl, Behandlung und Führung.

ausreicht. Wer nur auf geringeres Wild zu schießen Gelegenheit hat, mag zu Kal. 450 (11,5 mm), bei Drillingen etwa zu Kal. 380 (9 mm) mit ähnlich gebautem Geschoß greifen.

Jagdlich gänzlich verwerflich sind alle, wie immer gearteten, mit rauchlosem Pulver (Blättchenpulver) zu schießenden Halb-, Dreiviertel- und Voll-Stahlmantelgeschosse. Ganz abgesehen davon, daß es nicht empfehlenswert ist, Patronen dieser Art aus Gewehren mit Kippläufen zu schießen, man also nur die Wahl zwischen einläufigen Büchsen mit fest- stehendem Lauf und Repetiergewehren hat, welch letztere, wenn sie gegenwärtig auch etwas in Aufnahme kommen, mit ihrem Geklapper auf der Jagd stets einen unangenehmen Eindruck hervorrufen, kranken die Mantelgeschosse an zwei sehr gewichtigen Fehlern. Der eine ist der, daß Vollmantelgeschosse ihrer schlechttötenden Wirkung wegen für jagdliche Zwecke überhaupt nicht in Betracht gezogen werden können, Halbmantelgeschoße aber, namentlich bei Schräg- schüssen, das Wildbret oft in unglaublichster Weise zer- setzen. Der zweite, noch gewichtigere Fehler liegt in der enormen Flugkraft dieser Geschosse, welche sehr leicht zu Unglücksfällen führen kann, wobei dem Schützen vielleicht kein Vorwurf wegen direkter Unvorsichtigkeit, wohl aber stets ein solcher sträflichen Leichtsinnes gemacht werden kann, welcher darin liegt, ein solches Gewehr, bei dessen Konstruktion ja nur militärische Gesichtspunkte in Frage kamen, auf der Jagd zu führen. Ich rate gar niemandem zur Führung dieser unjagdlichen Waffe, einen Anfänger mit einer solchen würde ich aber überhaupt auf einer gesellschaftlichen Jagd nicht dulden.

Fig. 20. Durchschnitt der Expreßkugel Kal. 500, kurz.

Sehen wir von der Repetierbüchse ab, so kommen jagdlich ein- läufige Birschbüchsen, Doppelbüchsen, Büchsflinten und Drillinge in Betracht. Birschbüchsen haben nur ganz einseitige Verwendung zu dem durch ihren Namen ausgedrückten Zweck, und ich ziehe ihnen daher stets eine Doppelbüchse oder Büchsflinte vor. Letztere bestehen aus einer Verbindung eines Büchsen- und eines Flintenlaufes, welche neben- oder auch übereinander liegen können (Bockbüchsflinten); letztere Form wird auch für Doppelbüchsen oft angewendet und ist recht handlich. Drillinge endlich bilden entweder eine Verbindung der Doppelflinte und Birschbüchse oder eine solche der Doppelbüchse und einer einläufigen

Flinte; im ersteren Falle ist unter zwei normalen Flintenläufen ein Büchsenlauf, im letzteren unter zwei Büchsenläufen ein Flintenlauf angefügt. Die beiden Hähne und Drücker gelten für die oberen beiden Läufe; will man den unteren abfeuern, so geschieht dies gleichfalls durch den rechten Hahn und Drücker, nachdem man eine specielle, bei den einzelnen Systemen verschiedene, meist aus einem zwischen den Hähnen angebrachten Hebel bestehende Stellvorrichtung gerichtet hat. Man hat heute auch bereits hahnlose Drillinge,[1]) doch sind solche keineswegs für einen Anfänger empfehlenswert; eine Hahn-Büchsflinte, eventl. ein Hahn-Drilling mit zwei Schrotläufen, sind für ihn am praktischsten. Doppelbüchsen-Drillinge sind zwar auf manchen Jagden an sich sehr praktische Waffen, sehr hohen Gewichtes wegen aber nicht jedermanns Sache.

Alle vorstehenden, ausschließlich oder teilweise für den Kugelschuß bestimmten Gewehre sind mit Stecher und Absehen eingerichtet. Der Stecher besteht aus einer eigentümlichen Schloßvorrichtung, welche in Aktion tritt, wenn man den für den Kugellauf bestimmten Drücker etwas nach vorn drückt, worauf derselbe in eine Rast einspringt; berührt man ihn nun von vorne nur mit ganz leichtem Druck, so geht der Schuß los. Der Stecher hat den Zweck, bei Schüssen auf ruhige, sehr weit entfernte oder kleine Ziele das Verreißen zu verhüten, doch soll sich der Anfänger des Stechers prinzipiell nicht bedienen, denn nur zu leicht gewöhnt man sich derart an ihn, daß man schließlich jeden ungestochenen Schuß unfehlbar verreißt. Einläufige Büchsen sind oft mit zwei Drückern versehen, der rückwärtige dient in diesem Falle dazu, das Schloß zu stechen.

Das Absehen oder die Visiervorrichtung der Büchsen besteht aus einem auf der Laufschiene etwas hinter der Mitte der Läufe befestigten, rechteckigem, in der Mitte mit einer Rinne versehenem Aufsatz, welcher entweder feststeht (bei Birschbüchsen und Doppelbüchsen) oder umlegbar ist (bei Büchsflinten und Drillingen). Beim Zielen muß, nachdem man das Ziel mit dem Korn fest erfaßt hat, dessen oberer Teil in der Rinne des Absehens aufsitzen. Bei teuren Drillingen ist die Konstruktion mitunter derart, daß sich das Visier, nur wenn man den Kugellauf stellt, gleichzeitig mit diesem Griff selbstthätig aufrichtet und bei Abstellung des Kugellaufes auch selbstthätig wieder umlegt.

---

[1]) Die beste Konstruktion ist die von Sauer & Sohn in Suhl.

I. Das Jagdgewehr, seine Auswahl, Behandlung und Führung. 13

Die Prüfung eines Jagdgewehres auf seine Schußleistung ist bei Büchsen auf dem Scheibenstande für eine ruhige, sichere Hand nicht allzu schwierig, wogegen die Erprobung eines Schrotgewehres unter allen Umständen eine so komplizierte Aufgabe darstellt, daß sie der Anfänger in gar keinem Falle zu lösen vermag. Bezieht man ein Gewehr von einer der altrenommierten großen Firmen und wird demselben schriftlich unter Beilage von Schußbögen und Durchschlagsproben eine genaue Klarlegung seiner Schußleistung beigefügt, so kann man überzeugt sein, eine gute Waffe zu erhalten; andernfalls bleibt, wenn man ganz sicher sein will, ein wirklich vorzügliches Gewehr zu erhalten, nichts übrig, als dasselbe gegen Deponierung des Betrages auf Probe zu beziehen und es entweder durch die „Deutsche Versuchsanstalt für Handfeuerwaffen" in Berlin oder aber durch einen als vorzüglichen Schützen bekannten Jäger praktisch erproben zu lassen. Es ist unbedingt nötig, daß der Anfänger volles Vertrauen zu seiner Waffe hat und bei Fehlschüssen nie auf den Gedanken kommt, dem Gewehr die Schuld zu geben, denn nur in diesem Falle wird er stets bemüht sein, zu ergründen, welchen Fehler er selbst beim Abkommen begangen hat.

2. Die Reinhaltung des Gewehres.

Ein wirklich gut gebautes, gut schießendes, seinem Besitzer vorzügliches liegendes Gewehr ist ein Schatz, der sich nicht immer leicht in gleichem Werte ersetzen läßt und deshalb soll jeder Jäger auf möglichst lange Erhaltung einer solchen Waffe bedacht sein, selbst dann, wenn er die Auslage einer Neuanschaffung nicht zu scheuen braucht. Man soll deshalb nicht bloß beim Gebrauch stets sehr behutsam mit dem Gewehre umgehen und Lauf und Schaft vor Beschädigungen durch Anschlagen an harte Gegenstände bewahren, das Gewehr nicht heftig öffnen und zuschlagen, sondern insbesondere auch dasselbe stets peinlich sauber halten. Nach jeder Jagd soll eine gründliche Reinigung, womöglich noch am selben Tage, spätestens aber am nächsten, nachdem man es gleich beim Nachhausekommen mit einem Lappen gut abgewischt und eingeölt hat, vollzogen werden. An Putzrequisiten sind erforderlich: drei hölzerne Putzstöcke, davon einer für Werch, einer mit einer Haar- und einer mit einer Drahtbürste versehen, zwei Gewehrbürsten, drei

Schraubenzieher von verschiedener Stärke, dann gutes säurefreies Baumöl, reines Vaselin, etwas reines Knochenöl, Terpentin, endlich ein Stück Rehleder, Leinenlappen und Werch. Nie soll irgend etwas von diesen Requisiten und Materialien im Hause des Jägers fehlen. Beim Nachhausekommen von der Jagd reibt man erst das ganze Gewehr äußerlich tüchtig mit einem trockenen Lappen ab, entfernt dann den Vorderschaft, hebt die Läufe aus, nachdem man den Riemen abgeschnallt, und nimmt vorerst diese in Arbeit. Mit Hilfe des vorn, dem Kaliber entsprechend mit Werch umwundenen Putzstockes reinigt man nun die Laufseelen vom Pulverschmutz, was, wenn nicht allzuviel geschossen wurde, meist sehr rasch geschehen ist. Wenn nach sehr vielem Schießen harte Pulver- oder Bleirückstände vorhanden sind, so müssen sie mit der gefetteten, cylindrischen Haar- oder im Notfalle mit der Drahtbürste beseitigt werden, wobei man etwas Terpentin anwenden kann, nach dessen Gebrauch aber sehr sorgsames Auswischen erforderlich ist; in der Regel genügt Öl mit einem Zusatz von Petroleum. Sind die Läufe innen wieder spiegelblank und trocken, so fettet man sie mit Knochenöl oder Vaselin ein. Nun werden mit den geölten Bürsten die rückwärtigen Laufteile, endlich der Verschluß am Schaft und der Vorderschaft sorgsam gereinigt. Nach sehr starkem Gebrauch oder Regen müssen nun auch Patronenzieher und Schlagstifte herausgenommen und gesäubert werden, doch soll dies nur geschehen, wenn Rostansatz zu befürchten steht, da sich bei allzu häufigem Herausnehmen dieser Teile die sie fixierenden Schrauben mit der Zeit lockern. Die Schlösser sollen nur von sehr kundiger Hand herausgenommen oder gar zerlegt werden; wer nicht Gelegenheit hat, diesfalls praktischen Unterricht zu nehmen, thut besser, das Gewehr nach mehrmonatlicher Benutzung immer einmal einem Büchsenmacher zur Revision zu übergeben. Sind alle Teile wieder vollständig von jedem Pulverschmutz oder von Rostanflug gereinigt und gut geölt — die inneren Teile nur mit reinem Knochenöl — so wird das Gewehr zusammengesetzt und mit gefettetem Rehleder äußerlich tüchtig abgerieben; den gut abgewischten, trockenen Schaft reibt man, um ihm seinen, namentlich nach starkem Regen verschwundenen, matten Glanz wieder zu geben, mit etwas gekochtem Leinöl ein. Nachdem man, wenn es geregnet hat, noch den Riemen, damit er nicht steif wird, mit Vaselin eingerieben, ist diese wichtige Arbeit, die umso leichter und

I. Das Jagdgewehr, seine Auswahl, Behandlung und Führung. 15

rascher vor sich geht, je weniger man sie nach der Heimkehr aufschiebt, vollendet. Vor dem nächsten Gebrauch müssen die innen gefetteten Läufe und Patronenlager ganz trocken ausgewischt werden, da sie sonst zu viel Pulverschleim ansetzen. Dagegen sollen die äußeren Gewehrteile, außer bei sehr hartem Frost, immer etwas eingefettet bleiben.

3. Das LademateriaI und die Anfertigung der Patronen.

Zum LademateriaI gehören die Patronenhülsen, die Triebmittel, die Geschosse, die Pfropfen und die zum Herstellen der Patronen nötigen Instrumente.

Patronenhülsen für Schrotgewehre bestehen entweder ganz aus Messing oder aus einem unten mit einem Messingboden, in welchem die Kapsel eingesetzt ist, abgeschlossenen Pappcylinder. Messinghülsen bieten wohl manche Vorteile, sind aber zu teuer, als daß man sie nach einmaligem Gebrauch wegwerfen könnte; bringt es auf größeren Jagden schon Unannehmlichkeiten mit sich, die abgeschossenen Hülsen einstecken und mit sich herumtragen zu müssen, so erfordert, wenn man nicht viele Versager haben will, die Instandsetzung solcher Hülsen zu wiederholtem Gebrauch, d. h. deren Reinigung, das Kapselentfernen und Kapseleinsetzen so viel Zeit, Übung und Accuratesse, daß ich wenigstens dem Anfänger nicht zu diesen Hülsen raten möchte.

Papphülsen werden in sehr verschiedenen Qualitäten hergestellt und zwar unterscheidet man insbesondere gewöhnliche und gasdichte Hülsen, bei welch letzteren, um Gasentweichung zu verhindern, innerhalb der Pappverkleidung ein der Höhe der Pulversäule entsprechender, mit dem Metallboden verbundener dünner Blechcylinder angebracht ist. Gasdichte Hülsen sind unbedingt vorzuziehen, für die meisten viel jagenden Jäger aber zu teuer (Kal. 16 pro 100 Stück 3—4 Mk. = 1,80—2,50 fl., Kal. 12 pro 100 Stück 3,50—5 Mk. = 2,10—3 fl.); für Hühnerjagden kann man sich ganz gut billiger Hülsen (1,30—1,50 Mk. = 0,80—0,90 fl. und 1,80—2,10 Mk. = 1,10—1,25 fl.), für Herbst- und Winterjagden einer guten Mittelqualität (1,70—2,20 Mk. = 1,00—1,30 fl. und 2,30—2,80 Mk. = 1,40—1,70 fl.) bedienen, nur für besondere Zwecke (Auerhahn, Birkhahn, Gänse, Trappen ꝛc.) ist es allerdings gut, auch an Hülsen nicht zu sparen, sondern solche besserer Qualität zu wählen. Da alle Hülsen pro 1000 wesentlich billiger sind als pro 100, empfiehlt es sich, daß mehrere Jäger ihren Bedarf gemeinsam, am besten direkt von einer Patronenfabrik, beziehen.

Unter den **Triebmitteln** für Schrotpatronen spielt das Schwarzpulver noch immer die erste Rolle und der Anfänger sollte sich auch nicht verleiten lassen, zu rauchlosen Pulversorten, welcher Art immer, zu greifen; will er sich diesfalls absolut nicht raten lassen, so beziehe er die Patronen wenigstens fertig von einer guten Firma, in keinem Falle lade er sich sie selber, da die Triebkraft und Brisanz fast aller rauchlosen Pulversorten eine viel höhere ist, als jene des Schwarzpulvers, so daß auch schon ein bezüglich des Volumens und Gewichtes scheinbar nur ganz geringes Überladen, wie es bei mangelnder Übung und ungenügenden Apparaten leicht vorkommt, insbesondere dann zu Unglücksfällen schlimmster Art führen kann, wenn das Gewehr leicht und nicht allzu solid gebaut ist. Die beiden für Schrotwaffen empfehlenswertesten Schwarzpulversorten sind in Deutschland „Hirschmarke Nr. 3" und in Österreich-Ungarn „Jagd- und Scheibenpulver Nr. II"; beide sind ziemlich gleichwertig. Soll Pulver bei längerer Aufbewahrung nicht leiden, so muß es an trockenem Orte in gut schließenden Blechdosen verwahrt werden; Pulver, das anfängt, sich klumpig zusammenzubacken, ist bereits feucht geworden und hat dadurch an Kraft verloren.

Schrot wird für die einzelnen Zwecke in verschiedenen Größen erzeugt und zwar empfiehlt sich nach Deutscher Nummerierung, folgende Anwendung:[1]

Nr. 000 = 4,75 mm Durchmesser für Wölfe, große Geier.
„ 00 = 4,50 „ „ „ dieselben und Trappen.
„ 0 = 4,25 „ „ „ Trappen, Wildgänse, Auerhähne, große Adler.
„ 1 = 4,00 „ „ „ Wildgänse, Fischotter, Fuchs, Rehwild, große Adler.
„ 2 = 3,75 „ „ „ Fuchs, Rehwild, Winterhase.
„ 3 = 3,50 „ „ „ Herbsthase.
„ 4 = 3,25 „ „ „ Herbsthase, Birkhahn, Stockenten im Winter, Raubvögel von Bussardgröße.

---

[1] Einzelne deutsche Fabriken führen abweichende Nummerierungen, weshalb ich hier, um Verwechselungen vorzubeugen, den Durchmesser beifüge, so daß eine Kontrolle leicht möglich ist.

Nr. 5 = 3,00 mm Durchmesser für Raubvögel von Bussardgröße, Krähen, Reiher.
„ 6 = 2,75 „ „ „ Stockenten, im Sommer, mittlere Enten und Kaninchen im Winter.
„ 7 = 2,50 „ „ „ Rebhühner im Oktober, Haselhühner.
„ 8 = 2,25 „ „ „ Rebhühner zu Beginn, Sperber, Kaninchen im Sommer, Elster.
„ 9 = 2,00 „ „ „ Rebhühner zu Beginn, Waldschnepfen.
„ 10 = 1,75 „ „ „ Waldschnepfen.
„ 11 = 1,50 „ „ „ Bekassinen, Wachteln, Krammetsvögel.
„ 12 = 1,25 „ „ „ Bekassinen, Krammetsvögel.

In Österreich ist die Nummerierung um zwei Nummern höher, so zwar, daß z. B. deutsch Nr. 4 gleich ist österreichisch Nr. 6, Nr. 10 gleich Nr. 12 ꝛc. Im allgemeinen kann man für Kal. 12 immer eine Nummer höher greifen als für Kal. 16, also für ersteres z. B. Nr. 5 statt Nr. 6 wählen, da bei sonst gleicher Güte größere Kaliber stets besser decken. Mit sehr gut deckenden Gewehren kann man immer etwas gröberes Schrot wählen, wogegen man bei scharf schießenden, aber minder gut deckenden Läufen gut thut, zu etwas schärferen Nummern zu greifen.

Neben dem normalen, aus weichem Blei erzeugten Weichschrot wird auch Hartschrot in den Handel gebracht. Englisches Hartschrot, das beste, wird auch bloß aus Blei erzeugt, das einem besonderen Härtungsprozeß unterzogen wurde; deutsches Hartschrot besteht aus einer Legierung von 60 % Blei, 20 % Zinn und 20 % Antimon und hat den Nachteil etwas geringeren Gewichtes.[1]) Im allgemeinen halten sich beide Schrotarten mit ihren Vor- und Nachteilen so ziemlich die Wage. Hartschrot verbleit die Läufe wenig, deformiert nicht und liefert erhöhten Durchschlag, Weichschrot verbleit die Läufe bei sehr vielem Schießen, deformiert etwas und schlägt deshalb mitunter nicht so gut durch, äußert aber eben infolge des Deformierens erhöhte tötende Kraft.

---

[1]) Mit Ausnahme des vorzüglichen „Kaiserschrotes" von Rudolf Nerlich in Bielitz, Österr.-Schlesien.

Als Abschluß zwischen Pulver und Schrot empfehlen sich nur gute, etwa 1 cm starke Pfropfen aus gewalktem, gefettetem Filz, unter welche, direkt auf das Pulver, ein Teerplättchen zu sitzen kommt. Von guten Filzpfropfen hängt sehr viel ab, hier soll man also nicht sparen und zu billigen, schlechten Qualitäten greifen. Hauptsache ist, daß der Pfropfen sehr gut schließt, also ja nicht zu klein und genau kreisrund ist; sehr empfehlenswert ist es, für Kal. 16 Pfropfen Kal. 14, für Kal. 12 solche Kal. 10 zu verwenden, in welchem Falle die Pfropfen mittelst eines eigenen Apparates, des Pfropfenpressers, eingeführt werden müssen. Auf die Schrotladung setzt man am besten ein dünnes, weißes Kartonplättchen, eventl. können auch, wenn bei schwacher Ladung die Hülse oben noch leeren Raum aufweist, leichte, ungefettete Filzpfropfen in Verwendung kommen.

Auf das Material für Kugelpatronen, zu welchen ausschließlich Metallhülsen zur Verwendung gelangen, gehe ich hier nicht ein, da es sich empfiehlt, dieselben stets fertig von einer soliden Firma, am besten von derselben, bei welcher man das Gewehr kaufte, zu beziehen; jede Firma nimmt die ausgeschossenen Metallhülsen zu angemessenem Preise zurück, so daß die fertigen Patronen nicht viel teurer zu stehen kommen, als die selbst erzeugten, ganz abgesehen davon, daß viel Übung erforderlich ist, Kugelpatronen mit der erforderlichen Genauigkeit herzustellen.

Das Laden von Schrotpatronen dagegen besorgt sich jeder Jäger am besten selbst, weshalb hier eine kurze Anleitung folgen möge. Das richtige Ladeverhältnis bei Anwendung einer der erwähnten beiden Schwarzpulversorten ist 1 : 6, d. h. auf je 1 g Pulver soll man 6 g Schrot nehmen. Bei Kal. 16 ist die günstigste schwächere Ladung (für Rebhühner, Bekassinen, Waldschnepfen ꝛc.) 4,5 g Pulver und 27 g Schrot, die beste stärkere Ladung (für Herbst= und Winterjagden) 5 g Pulver und 30 g Schrot; für Kal. 12 5,75 g Pulver und 34,5 g Schrot, bezw. 6,25 g Pulver und 37,50 g Schrot. Vorerst soll man also auf genauer Wage die entsprechende Pulvermenge abwiegen und ein verstellbares Pulvermaß (Fig. 21) so richten, daß die abgewogene Menge dasselbe gerade bis zum Rande gestrichen füllt, worauf man bei den folgenden Patronen nur mit dem gestellten Maß Pulver ein= zuschöpfen und oben glatt zu streichen braucht, um immer die genaue Menge zu haben. Ist die Pulverladung eingeführt (Fig. 22 A), so

I. Das Jagdgewehr, seine Auswahl, Behandlung und Führung. 19

setzt man mit einem Ladeholz ein Teerplättchen auf (B), dann den gefetteten Filzpfropfen (C) und auf diesen ein weißes Kartonblättchen (D), worauf man diesen Teil der Ladung fixiert, indem man oben auf das Ladeholz mit einem Holzhammer einen leichten Schlag führt. Sehr vorteilhaft erscheint es, die Pulverpfropfen stets um ein Kaliber stärker zu wählen, also für Kal. 16 Pfropfen Kal. 14, doch müssen diese dann mit Hilfe eines speciellen Pfropfenpressers (Fig. 23) eingeführt werden. Nun muß man auch die Schrotmenge abwiegen und das Lademaß entsprechend stellen, welche Prozedur aber jedesmal wiederholt werden muß,

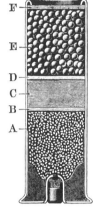

Fig. 22. Längsschnitt einer geladenen Schrotpatrone.

Fig. 21. Verstellbares Pulver- und Schrotmaß.

so oft man Patronen mit einer anderen Schrotnummer zu laden wünscht, da Volumen und Gewicht bei jeder Schrotnummer in geändertem Verhältnis stehen. Würde man das bei Nr. 6 dem Gewichte von 27 g

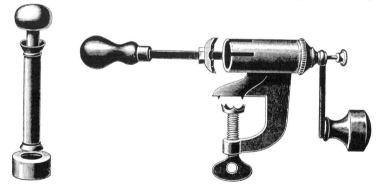

Fig. 23. Pfropfenpresser.   Fig. 24. Englische Rändelmaschine.

entsprechende Volumen auch für andere Nummern beibehalten, also das Lademaß nicht entsprechend anders stellen, so würde die Ladung Schrot Nr. 2 zu leicht, jene Nr. 10 zu schwer ausfallen und in ersterem Falle

2*

zu starke Streuung, in letzterem verringerten Durchschlag hervorrufen. Es ist dies ein sehr wichtiges Moment, auf welches oft auch ältere Jäger nicht genügend achten. Hat man die Schrotladung (E) eingefüllt, so schließt man dieselbe mit einem leicht aufgesetzten Kartonplättchen (F) ab und rändelt die Patrone nunmehr mit einer Rändelmaschine, deren handlichste und am gleichmäßigsten wirkende Art Fig. 24 zeigt, ein, um die ganze Ladung unverrückt festzuhalten. Das Einrändeln soll nicht zu heftig geschehen, bloß so stark, daß der ungerändelte Patronenrand genau an das Kartonplättchen anschließt, ohne dasselbe aber zu pressen. Nachdem man nun noch mit Tinte oben auf das Plättchen die Schrotnummer notiert, um Verwechselungen vorzubeugen, ist die Patrone fertig. Hat man viele Patronen auf einmal zu machen, so ist es am besten und sichersten, erste alle mit Pulver zu füllen, dann auf alle die Pfropfen zu setzen 2c., man spart dadurch an Zeit und arbeitet präciser, als wenn man Stück für Stück gleich ganz fertig stellt.

4. Die Schießkunst.

In Laienkreisen herrscht ziemlich allgemein die Ansicht, daß gutes Schießen von „scharfem Auge" und „ruhiger Hand" abhänge, eine Annahme, die bis zu einem gewissen Grade wohl für den Scheibenstand ihre Berechtigung hat, für das Schießen auf der Jagd aber keineswegs zutrifft, denn einerseits giebt es viele Schützen, die Augengläser tragen müssen und doch sehr gut schießen — ich selbst glaube mich zu dieser Kategorie zählen zu dürfen —, andererseits kenne ich auch manchen nervösen älteren Herrn, der stark zittert und doch selbst mit der Kugel famos schießt. Das gute jagdliche Schießen hängt von zwei anderen Momenten ab: von unbedingter geistiger Ruhe und nie getrübter Geistesgegenwart und vor allem von der Fähigkeit, einen notwendigen Entschluß blitzschnell zu fassen und ihn auch blitzschnell auf den ganzen Körper zur Ausführung zu übertragen. Beide Momente können durch viele Übung wohl gefestigt und um einen geringen Grad gesteigert werden, immerhin aber müssen sie a priori vorhanden sein, sie können nicht erlernt, erworben werden und deshalb schießt mancher Anfänger schon nach hundert auf Wild abgegebenen Schüssen recht gut, mancher alte Jäger aber trotz langjähriger Übung herzlich schlecht.

Im Hinblick auf diese Umstände liegt es auf der Hand, daß sich das Schießen theoretisch nicht lehren läßt, ja selbst praktisch eben nur bis zu einem gewissen Grade, und ich beschränke mich daher hier auf einige ganz kurze Betrachtungen.

Die rationellste Einführung in das jagdliche Schießen ist folgende: Erst mache der Anfänger mit dem ihm gut liegenden Gewehre ein paar Tage hindurch Zielübungen in der Weise, daß er sich irgend ein feststehendes Ziel wählt, rasch darauf anschlägt und rasch abkommt. Hat er hierin eine gewisse Fertigkeit erreicht, so sollen die Ziel- in Schießübungen verwandelt werden, d. h. der Schütze soll, vorher halb oder ganz abgewendet stehend, sich blitzschnell umdrehen und auch sehr schnell, ja nicht nach längerem Zielen, seinen Schuß nach dem Ziele abgeben; vom ersten Tage ab soll er sich an Schnelligkeit gewöhnen und längeres Zielen vermeiden, denn von ersterer hängt ja auf der Jagd, bei der es sich meist um Bruchteile von Sekunden handelt, alles ab. Ist auch diese Aufgabe halbwegs gelöst, so empfiehlt es sich, wenn eine Glaskugel-Wurfmaschine zu haben ist, jetzt mit Hilfe dieser die ersten Übungen auf bewegliche Ziele zu beginnen. Allerdings geben die mehr oder weniger in regelmäßigen Kurven geschleuderten Glaskugeln die Bewegungen flüchtenden oder streichenden Wildes keineswegs wieder, sie zwingen aber zu rascher Schußabgabe und darin liegt der Wert dieser Lektion. Besser noch als Glaskugeln sind übrigens Thontauben, die eine etwas weniger gleichmäßige Flugbahn haben. Die Reihenfolge der Übungen soll sein: Der Schütze steht schußfertig gegen die Maschine gerichtet, ladet nur den rechten Lauf und beschießt eine einzelne geworfene Kugel oder Taube; dieselbe Übung, doch steht der Schütze im Moment des Wurfes halb abgewendet; dieselbe Übung, der Schütze steht mit dem Rücken gegen die Maschine; dieselbe Übung, doch hat der Schütze, gegen die Maschine gerichtet, das abgespannte Gewehr auf dem Rücken und reißt es erst im Moment des Wurfes herab; die vorstehenden Übungen in gleicher Reihenfolge wiederholt, doch werden gleichzeitig zwei Kugeln geschleudert und der Schütze trachtet, mit zwei Schüssen beide zu treffen, ehe sie den Boden berühren. Daß die Kugeln nicht immer gleichmäßig, sondern abwechselnd in verschiedenen Richtungen geschleudert werden sollen, versteht sich von selbst. Nun geht man einen Schritt weiter, pensioniert die Maschine und sucht sich eine im Werfen geübte Person, nach welcher man ja unter der lieben Dorf= jugend meist nicht lange zu suchen braucht. Diese Person stellt man rechts oder links 20—30 Schritte von sich auf und läßt durch sie in vorher nicht besprochener, beliebiger Weise Glaskugeln oder andere ge= eignete Objekte schleudern; später nimmt man noch einen Gehilfen, postiert einen rechts, den andern links von sich, weist sie an, ihre Pro= jektile knapp hintereinander zu werfen und trachtet, Doubletten zu machen. Parallel mit diesen Übungen können auch noch solche auf gerollte Holzteller vorgenommen werden, und wenn jemand alle diese Exercitien gewissenhaft, immer erst dann zu einer neuen Lektion vor= schreitend, wenn die früheren Pensa befriedigend gelöst sind, durch= gemacht hat, so ist er, in Bezug auf das Schießen, so gut für die Jagd vorbereitet, als dies auf so zu sagen theoretischem Wege überhaupt möglich ist.

Ist ein Anfänger gut veranlagt, so wird er bei allen diesen Übungen mit einem ihm gut liegenden Gewehr überraschend schnell eine hohe Schußfertigkeit erreicht haben und sich dem Glauben hingeben, daß ja nun auch Doubletten auf Hasen und Hühner für ihn eigentlich etwas ganz leichtes, fast selbstverständliches seien. Aber schon der erste Versuch bringt ihm meist recht eindringlich eine gegenteilige Überzeugung bei. Abgesehen von allen sonstigen Umständen, die einen sichern Schuß auf Wild oft so sehr viel schwieriger gestalten, als den auf irgend welche künstlichen Zielobjekte, kommt nun auf der Jagd für den Schützen, der sich die nötige Schnelligkeit im Anschlagen und Abkommen ange= eignet, das zweite wichtige Moment in Betracht: die Ruhe. An dieser wird es ihm stets und zwar in um so höherem Grade mangeln, je passionierter er ist. Herrlich zutreffend sagt Schiller:

„Der ist mir der Meister, der seiner Kunst
Gewiß ist überall, dem's Herz nicht
In die Hand tritt, noch ins Auge!"

Und beides geschieht dem Anfänger, wenn er Wild auf sich zu kommen sieht, ganz bestimmt trotz der besten Vorsätze, das Herz pocht hörbar, die Hand zittert, vor den Augen flimmert es ihm, er fährt zögernd auf und schießt endlich gar nicht oder aber, in der Regel gerade einen möglichst ungünstigen Moment erfassend, — daneben! Nichts gleicht der tiefen Zerknirschung eines passionierten Jägers, wenn sich

I. Das Jagdgewehr, seine Auswahl, Behandlung und Führung.

ein derartiges Malheur, vielleicht ohne jede Abwechselung, an einem Tage mehrfach wiederholt, und dies geschieht wohl meistenteils, sogar nicht bloß an diesem denkwürdigen ersten, sondern wohl auch noch an manchem folgenden Tage!

Es wäre aus diesem Grunde falsch, wenn ein Anfänger sein erstes Debut auf einer Treibjagd liefern wollte, wo der Lärm, das viele Wild und die Anwesenheit vieler Zuschauer, vor welchen er sich um alles in der Welt nicht blamieren möchte, seine ohnedies nicht geringe Aufregung noch in hohem Grade steigern müßten. Der richtige Anfang ist der Ansitz, auf den wir noch später zurückkommen und zunächst bildet die beste Schule die Hühnersuche im Verein mit einem erfahrenen älteren Waidgenossen; hierbei lernt der Anfänger am besten Selbstbeherrschung. Beim Aufstehen voller Ketten soll er sich mit dem Zusehen begnügen und prinzipiell nur gesprengte, einzeln aufstehende Hühner beschießen; erst wenn er sich hierbei halbwegs bewährt, soll er auch auf geschlossene Ketten zu schießen beginnen, — im Anfange wäre dies, Glückszufälle abgerechnet, ja doch erfolglos. Hat der junge Jäger die Hühnersaison ausgenutzt, so kann er nun auch schon an den jetzt beginnenden Treib=
jagden teilnehmen, — herzliches Weidmannheil jedem jungen Weid=
genossen, der sich hierzu gewissermaßen vorbereitet!

Unter allen Umständen soll man es sich beim Schrotschuß vom Anfang an zum Prinzip machen, so schnell als nur irgend möglich zu schießen, bis man es endlich dahin bringt — bei entsprechendem Talent, sonst nie — daß man den Schuß sozusagen ungezielt einfach hinwirft, also kein Korn braucht. Der Zielschütze leistet eben nur dann etwas, wenn er freies Schußfeld hat und es sich um Wild in gleichmäßiger Fortbewegung handelt, einen vom Horst abstreichenden Raubvogel im Wald, eine beim Buschieren im Stangenholze aufstiebende Waldschnepfe trifft er nicht und so entgeht ihm manche Gelegenheit zu guter Beute, die der Fangschütze mit seinem fast blind hingeworfenen Schusse ausnützt.

Mit den vorstehenden Zeilen ist wenig, aber eigentlich alles ge=
sagt, was sich mit Aussicht auf praktischen Wert sagen läßt; meist sind die Abhandlungen über Schießkunst in den verschiedenen jagdlichen Hand=
büchern viel länger und es steht ja außer Zweifel, daß sich mit Be=
trachtungen über dieses Thema ein starker Band füllen ließe, es fragt

sich dann aber, wie viel von alldem der Anfänger richtig zu erfassen und in die Praxis zu übertragen vermag! Ich glaube nicht allzuviel. Auf einzelne Momente, so speciell auf den Kugelschuß, kommen wir noch in den die einzelnen Jagdmethoden besprechenden Abschnitten zurück, hier möge die kurze Anleitung zu den erforderlichen Vorübungen genügen und ich füge ihnen nur noch einige Betrachtungen bei, die jedem jungen und auch manchen älteren Jäger zum Troste gereichen mögen. Ich habe das gute Schießen ein Talent, eine specielle Begabung genannt und daher betont, daß sich die diesfälligen Fähigkeiten nur vervollkommen und ausbilden, aber nicht durch Übung schaffen lassen, wenn sie nicht eben schon von Natur aus da sind. Dies ist eine feststehende Thatsache, das alte Sprichwort, daß Übung den Meister mache, hat also speciell für das Schießen keine allgemeine Berechtigung, dagegen muß sich aber jeder, auch der ältere Jäger, auf jede einzelne, ihm neue Wildart speciell einschießen, was freilich bei einem guten Schützen schon nach zwei oder drei Jagdtagen geschehen ist. Um die Notwendigkeit dieser Specialübungen auf einzelne Wildarten klarzulegen, will ich hier nur drei Fälle aus meiner eigenen Praxis mitteilen. In den ersten zehn Jahren meiner jagdlichen Thätigkeit hatte ich fast nur in Wald und Sumpf, dann auf Hühner gejagt, aber nie große Feldjagden auf Hasen mitgemacht; als ich hierzu zum erstenmale Gelegenheit fand, schämte ich mich ob meines schlechten Schießens vor mir selbst, weitere Schüsse gelangen mir absolut nicht und selbst bei gut schußmäßigen Hasen hatte der linke Lauf oft den rechten zu korrigieren. Naturgemäß ist der Hase auf blankem Felde viel leichter zu schießen als im Wald, trotzdem aber muß man sich als Waldschütze erst an das Feldschießen gewöhnen und umgekehrt. Noch schlimmer fiel mein erstes Debut mit Kaninchen beim Frettieren aus, welches vor Jahren in den Lehmschluchten des Mansfelder Sees stattfand. Ich hatte schon viel in dieser Gegend gejagt, war oft Jagdkönig geworden und da ich von mehreren durchaus nicht hervorragenden Schützen hörte, daß sie vor drei Tagen 24, vor acht Tagen 30 Kaninchen geschossen hätten, so stellte ich mir die Sache leichter vor, als sie gewöhnlich geschildert wird, und postierte mich recht siegesgewiß an den ersten Bau. Aber der alte „Frettchenvater" schüttelte gar bald bedenklich den Kopf über meine Fertigkeit im Kaninchenschießen! Mit 32 Patronen brachte ich damals acht Kaninchen zur Strecke, und dabei hatte ich noch eine Anzahl unbeschossene durchgelassen. Ich war ganz verzweifelt, schon am nächsten Tage jedoch ging es besser und am dritten brachte ich es bereits auf 34 Kaninchen mit 42 Schüssen, eine Leistung, mit dem man in so schwierigem Terrain ganz zufrieden sein darf. Am eklatantesten aber lernte ich die Notwendigkeit des Einschießens bei Bekassinen kennen. Bevor ich mich im Herbst 1893 für längere Zeit nach Serbien begab, hatte sich mir immer nur sehr spärliche Gelegenheit zu der so reizvollen Bekassinenjagd geboten, so zwar, daß ich, sonst speciell auf Flugwild aller Art vorzüglich eingeschossen, durchschnittlich drei Patronen pro Stück brauchte. So brachte ich es im Herbst nicht über 6 Stück pro Tag und im ganzen nur auf 37. Am 28. März des nächsten Jahres gelang mir eine schöne Doublette, am 2. April schoß ich 17 Stück mit 26 Schüssen, am 6. April 20 Stück mit 28 Schüssen und am 10. April 27 Bekassinen mit 30 Schüssen, darunter 14 in einer Suite ohne zwischenliegenden Fehler. Hiermit hatte ich das Bekassinenschießen erlernt. Also immer Kopf hoch, auch wenn die erste Bekassine mehr Schrot gekostet hat als sie schwer ist!

II. Das Verhalten des Schützen auf der Jagd.

1. Allgemeines.

Der geübte Blick wird unter allen Umständen aus einer Jagdgesellschaft den Anfänger, auch wenn derselbe kein Jüngling mehr sein sollte, stets sofort herausfinden, das liegt in der Natur der Sache; dieser geübte Blick soll aber nach längerer Beobachtung des Betreffenden Befriedigung ausdrücken, darüber, daß er wohl noch manches Ungeübte, Unerfahrene, aber nichts Unvorsichtiges und Ungehöriges an dem neuen Jünger St. Huberti wahrgenommen. Letzteres zu vermeiden, ist nicht nur Pflicht jedes Anfängers, sondern auch ein Gebot der Klugheit, denn es ist wohl niemanden angenehm, auf dem Jagdplatz coram publico in oft recht scharfer Weise zurechtgewiesen zu werden und — es sich gefallen lassen zu müssen. Vielen geht es so und es möge daher jeder, der dieses Büchlein in die Hand nimmt, sich dessen vorstehende Ratschläge und insbesondere auch die folgenden Regeln genau einprägen, sie beschränken sich ohnedies auf das Wichtigste, auf jene Grundprinzipien, denen jeder Jagdfreund, auch wenn er dem Waidwerk im allgemeinen ziemlich ferne steht und nur dann und wann einmal aus gesellschaftlichen oder gesundheitlichen Rücksichten an einer Jagd teilnimmt, mit unbedingter Gewissenhaftigkeit gehorchen soll, wenn er sich nicht berechtigtem Tadel aussetzen, sich nicht lächerlich machen und überdies Gefahr laufen will, unter Umständen arges Unheil anzurichten. Ich weiß einen Fall, wo ein Chokoladenfabrikant am Rendezvous zu einem Kesseltreiben fragte, wie man denn eigentlich „so ein Jagdgewehr öffne und lade"; im Vereine mit mehreren anderen Schützen verzichtete ich auf solche Jagdgesellschaft und auf dem Heimwege stellten wir sehr drastische Beobachtungen darüber an, was eigentlich mehr zu bewundern sei, die beispiellose Frivolität, mit der sich jenes Individium, das noch nie ein Jagdgewehr in der Hand gehabt, auf einer Jagd, an welcher noch etwa 25 Schützen und 70 Treiber, also 95 Menschen teilnahmen, die Sporen verdienen wollte, oder aber die noch beispiellosere Rücksichtslosigkeit des Jagdherrn gegen sich und alle anderen Teilnehmer, jenen Herrn eingeladen zu haben. Viele Leute hegen eben ganz eigentümliche Begriffe von der Jagd, daß sie gelernt sein will, wie ja schließlich mehr oder weniger alles auf der Welt, wollen sie nicht verstehen.

Vorerst seien der Ausrüstung des Jägers einige Worte gewidmet. Abgesehen von dem bereits besprochenen, an einem starken Juchten- oder Rindlederriemen zu tragenden Gewehr gehören zur jagdlichen Ausrüstung, abgesehen von nebensächlicheren Gegenständen, auf die wir teilweise noch zu sprechen kommen, noch Jagdtasche, Rucksack, Jagdmesser, Hirschfänger und der jagdliche Anzug. Die Jagdtasche soll nicht allzu groß, aus gefettetem Rindleder hergestellt, innen mit zwei Abteilungen und mit zwei Reihen von Patronenhältern versehen sein; Patronenhälter und Abteilungen haben den Zweck, Patronen mit verschiedenen Schrotnummern getrennt mitführen zu können, was ja für viele Jagdarten wichtig ist. Häufig vertreten sogenannte Patronengürtel, um den Leib geschnallt, die Stelle der Jagdtasche, welche man am Riemen von der rechten Schulter nach der linken Seite trägt, doch sind sie im allgemeinen weniger bequem. Der Rucksack ist ein für hunderterlei Zwecke außerordentlich praktisches Gerät, von dem man sich eigentlich nie trennen sollte; in Österreich-Ungarn wird er auch bereits in niederen und hohen Kreisen fast allgemein getragen, während sich, wohl sehr mit Unrecht, in Deutschland immer noch ein großer Teil der Jägerwelt förmlich geniert, einen Rucksack zu tragen, — warum, ist mir freilich nicht klar. Oft läßt es sich doch nicht umgehen, einen Hasen oder ein paar geschossene Enten selbst eine halbe Stunde oder auch länger fortschaffen zu müssen, in welchem Falle man, ohne Rucksack, den Hasen in der Hand tragen oder etwa in einem an der Jagdtasche angebrachten genähten sogenannten Hasensack, die Enten aber an Schlingen an der Tasche tragen muß; in jedem Falle wird man da im Gehen gehindert, zudem ist die Verteilung der mit der Zeit sehr fühlbar werdenden Last eine ganz ungleichmäßige und man ermüdet daher vorzeitig; der Rucksack behebt die Nachteile, den Hasen steckt man einfach hinein, die Enten bei kaltem Wetter gleichfalls, bei warmem hängt man sie an Schlingen an, die in einen Ring des Rucksackes angeschnallt werden und trägt nun die Last gleichmäßig verteilt auf beiden Schultern, ohne im entferntesten in irgend einer Bewegung gehindert zu werden. Am praktischsten sind jene Rucksäcke aus derbem, schweißdichten, dunkelgrünen oder braunen Zeug, bei denen der obere Ring mit dem Oberteile des Zeuges und dem Tragriemen verbunden ist. Rucksäcke mit Gummieinlage sind teuer und unpraktisch, da die Gummieinlage sehr bald zerreißt. Ein gutes, mindestens 12—14 cm langes Taschenmesser, dessen große Klinge, um als Genickfänger dienen zu können, mit einer Schnappvorrichtung versehen sein soll, darf nie fehlen. Der Hirschfänger soll eine breite, schwere, nicht über 30—32 cm lange Klinge haben, er wird an einem Riemen oder einer grünen Schnur um die Hüften gelegt, an der linken Seite stets unter dem Rock, aber bloß von Berufsjägern im Dienst immer, im übrigen nur auf speciellen Hochwildjagden getragen; übrigens steht das Recht, diese weidmännische Ehrenwaffe zu tragen, nur wehrhaften Berufsjägern und solchen Jagdfreunden zu, die bereits in weidgerechter Weise einen jagdbaren Hirsch gestreckt haben. Als Tragschlingen für geschossenes Federwild eignen sich am besten solche von Leder und zwar für Rebhühner 2c. einfache Schlingen von runden Riemen, für Wildenten 2c. solche von etwa 6 mm breiten Riemen; 8—10 solche Schlingen sind in einem starken Karabiner befestigt, den man an der Jagdtasche oder noch besser im Tragring des Rucksackes anbringt.

Der Anzug soll vor allem bequem und überdies, insbesondere bei Ansitz und Birsch, aber auch bei Waldjagden von solcher Farbe sein, daß er möglichst wenig auffällt, also z. B. für Nadelholzreviere am

Fig. 25. Praktische Jagdausrüstung.

besten rötlich-braun, für Buchenreviere licht grünlich-grau, für den Anstand auf Wasserwild im Schilf grün u. s. w. Bezüglich der Form haben sich mir Faltenblusen, mäßig weite Kniehosen, aus starker Harraswolle gestrickte Wadenstutzen und derbe Schnürschuhe am besten bewährt, und zwar eigentlich für alle Zwecke, selbst bei hohem Schnee, da gute Wadenstutzen (die besten sind die in Aussee in Steiermark erzeugten) fast ganz undurchlässig sind. Hohe, bis an oder gar bis über das Knie reichende Schaftstiefel und eng anliegende, sogenannte Reithosen sind ganz zu verwerfen, da man in ihnen rasch ermüdet und an freier Bewegung gehindert ist. Selbst im Sumpf trage ich nur Schnürschuhe und an Stelle der Wadenstutzen Ledergamaschen, erstere aber nur — in zerrissenem Zustande; so komisch das klingen mag, ist es doch das zweckmäßigste, denn bei der Sumpf- und Wasserjagd läßt es sich selten umgehen, daß das Wasser nicht auch einmal über die Knie reicht und nun hat man die Stiefelröhre voll, — bei zerrissenen Schnürschuhen dagegen kann das Wasser wohl sehr bequem hinein, ebenso bequem aber auch wieder heraus. So mancher Weidgenosse, der mit mir jagte und am Heimweg in seinen Röhrenstiefeln, die er nicht auszuziehen durfte, weil er sie dann nicht mehr hinaufgebracht hätte, mindestens ein Liter Wasser heimtrug, während ich eben nur einfach nasse Strümpfe hatte, hat sich zu meiner etwas eigenartigen Methode bekehrt. Wadenstutzen sind deshalb das beste, weil in ihnen die Muskulatur ganz ungehindert ist, während sie bei gut passenden Gamaschen immer mehr oder weniger gepreßt wird, ich trage daher Gamaschen, die unten recht gut schließen müssen, nur im Sumpf (der Blutegel wegen) und in dornigem Terrain, z. B. beim Buschieren auf Waldschnepfen und ähnlichen Gelegenheiten. Nur in zwei Fällen trenne ich mich von meinen lieben Schnürschuhen, — die übrigens nicht für alle Zwecke und immer zerrissen sind —, nämlich bei langem Anstand im Winter und bei solchen winterlichen Treibjagden, bei welchen man nicht viel zu gehen hat, bei welchen aber die Triebe sehr groß sind und demgemäß lange dauern; da trage ich Kniestiefel von starkem Rindleder mit Filzeinlage oder in ersterem Falle bei trockenem Schnee und sehr hartem Frost auch Schnürschuhe, über die ich an Ort und Stelle Halinas ziehe, d. h. Röhrenstiefel aus sehr derbem Filz, die bis zum halben Schenkel reichen und sich bequem über die Schuhe an- und ausziehen lassen. Bezüglich der Wäsche Vorschriften zu geben, dürfte überflüssig erscheinen, da diesfalls doch jeder seiner Gewohnheit folgt, ich bemerke daher nur nebenbei, daß ich im Sommer Leinenwäsche, im Winter Hemden aus englischem Flanell und Unterbeinkleider aus Rehleder trage. Unter dem Rock thut im Winter eine mit leichtem Flanell gefütterte Ärmelweste aus Renntierleder weitaus die besten Dienste; wem dieselbe zu teuer ist, der kann sie durch eine gut sitzendes gestricktes Ärmelleibchen ersetzen. Zwei Röcke übereinander zu tragen ist ganz unpraktisch. Besser ist es, bei zweifelhaftem Wetter im Rucksack einen Loden=Wettermantel mitzuführen. Endlich sei für Waldjagden und für den Ansitz noch ein guter Sitzstock mit umlegbarem Sitz empfohlen, doch sei man bei seiner Auswahl recht vorsichtig, da heute viel elende Schundware in den Handel kommt.

Das Gewehr trägt man am besten und elegantesten auf der linken Schulter mit dem Lauf nach vorwärts, doch muß letzterer immer so hoch gehalten werden, daß er nicht gegen einen Schützen oder Treiber gerichtet ist. Beim Laden, welches stets erst erfolgen soll, wenn es notwendig ist, also bei Hühnerjagden erst, wenn die Hunde zu suchen beginnen und bei Treibjagden erst, wenn man seinen Stand bezogen hat, wende man sich stets ab, ebenso beim Spannen und Entspannen des Gewehres, wobei der Lauf direkt aufwärts gerichtet werden muß, ja nicht etwa horizontal gehalten werden darf. Nach jedem Treiben muß das Gewehr sofort, noch auf dem Stande, entladen werden. Diese Regeln sind sehr wichtig, der Anfänger kann sich sie gar nicht scharf genug einprägen.

Daß beim Schießen selbst die größte Vorsicht geboten ist, versteht sich wohl von selbst, leider aber scheinen manche Anfänger von dieser Selbstverständlichkeit gar nicht so sehr durchdrungen, denn im Augenblick, wo sie einen Hasen sehen, sehen sie eben nur diesen mehr, aber nicht auch ihre in Schußnähe befindlichen Mitmenschen. Solche nicht „hasenreine" Schützen gehören allerdings noch viel weniger auf eine Treibjagd als nicht hasenreine Hunde. Immer soll sich jeder Jäger, vor allem aber der Anfänger, vor Augen halten, daß er sich, gefragt, warum er auf diesen oder jenen Hasen nicht geschossen, mit der Antwort: „Es war mir der Treiber wegen zu riskiert," niemals blamiert, sich im Gegenteil mit ihr älteren Jägern gegenüber immer nur ein ehrendes Zeugnis ausstellt, wogegen er bei unvorsichtigen Schüssen, wenn er mit ihnen nicht ohnedies ein Unglück anrichtet, sehr oft eine arge Blamage, d. h. eine in schärfster Form erteilte Zurechtweisung und

II. Das Verhalten des Schützen auf der Jagd. 31

eventl. Ausschluß von der weiteren Teilnahme an der Jagd riskiert und überdies zu gewärtigen hat, daß er nicht wieder eingeladen wird.

Unvorsichtig ist es keineswegs bloß, wenn man kerzengerade gegen einen Menschen hin schießt oder wenigstens zielt, immer muß man auch, insbesondere bei Frost, mit dem Abgellen der Schrote rechnen, welche oft mit nur wenig verringerter Kraft im selben Winkel abprallen, in welchem sie den gefrorenen Boden, einen Stein, einen glatten Stamm ꝛc. berührten. Nie soll man deshalb anders schießen, als mindestens in einem Winkel von 45° zur Schützenlinie, jeder frühere Schuß ist, besondere Fälle ausgenommen, als unvorsichtig zu betrachten, im Felde sowohl als im Walde und am allermeisten auf dem Wasser oder Eis.

Im übrigen kann ich jedem jungen Jäger in seinem eigensten Interesse nur raten, sich als solcher angemessen zu benehmen, namentlich also nicht etwa mit schon erworbenem, oft auch nur eingebildetem Wissen zu prahlen, vielmehr bei allen ihm neuen Vorkommnissen und Beobachtungen stets einen älteren Genossen um Rat oder Auskunft zu ersuchen, denn gerade durch dieses Fragen lernt man am meisten und eine Schande ist es ja nicht, im Gegenteil; bekanntlich fällt kein Gelehrter vom Himmel und ein lernbegieriger junger Jäger ruft jedenfalls überall einen viel besseren Eindruck hervor, als ein blasierter, der mit mit seinem ganzen Benehmen, freilich vergeblich, den Glauben zu erwecken trachtet, das Weidwerk habe für ihn längst keine Mysterien mehr. Spott, der solchen Herren direkt und indirekt stets in reichstem Maße zuteil wird, ohne sie freilich immer gleich radikal zu kurieren, ist in diesem Falle eine viel zu gelinde Strafe.

Eine sehr schlechte, vom weidmännischen Standpunkte aus streng zu verurteilende Gewohnheit ist das Weitschießen. Ältere, sichere, erfahrene Schützen, die ihr Gewehr und seine Leistungsfähigkeit genau kennen, mögen sich dann und wann immerhin auch weite Schüsse innerhalb gewisser Grenzen gestatten, Anfänger dagegen sehen besser von solchen Versuchen, die doch meistenteils mißlingen und stets einen schlechten Eindruck hervorrufen, ab. Der jüngere Jäger soll seinen Stolz darein setzen, möglichst viel Wild mit möglichst wenig Patronen zur Strecke zu bringen und das geht nur, wenn man prinzipiell bloß so weit schießt, daß man — richtiges Abkommen vorausgesetzt — absolut sicherer, momentan tötlicher Wirkung gewiß sein darf. Die diesfällige

Grenze liegt für normale Schrotwaffen bei 40—45 Schritt, weiter soll man also, besondere Ausnahmefälle abgerechnet, niemals schießen. Es ist deshalb wichtig, daß sich der junge Jäger auch außerhalb der Jagd bei Spaziergängen fleißig im Distanzschätzen übt, d. h. irgend einen Punkt fixiert, die Entfernung taxiert und sich dann durch Abschreiten derselben von der Richtigkeit seiner Schätzung überzeugt. Diese Übungen sollen des Kugelschusses wegen bis auf Entfernungen von 150 Schritten ausgedehnt werden.

2. Der Ansitz.

Der Ansitz, mag er nun dieser oder jener Wildart gelten, ist unter allen Umständen diejenige Jagdart, welche den jungen Jäger am besten erzieht. Man lernt bei ihm schauen, und dies will in jenem Grad, den die Jagd erfordert, wirklich gelernt sein; der Laie glaubt das nicht, bis er sich nicht bei einem Waldgang mit einem älteren, erfahrenen Jäger überzeugt, daß er trotz gleich guter oder besserer Augen drei Vierteile des in den Gesichtskreis kommenden Wildes — von Fährten, Spuren 2c. ganz abgesehen — nicht bemerkt haben würde, ohne darauf aufmerksam gemacht worden zu sein. Man lernt beim Ansitz nach und nach ruhig werden, denn wenn sich ein schießbares Stück Wild nähert und man nicht unbeweglich bleibt, so verdirbt man sich einfach die gute Gelegenheit, und das ist für den passionierten Anfänger eine sehr harte, vorzüglich korrigierende Strafe; anfangs geht die Aufregung wohl über die Kraft des guten Willens hinaus, nach ein paar Mißerfolgen aber gewinnt letztere doch die Oberhand. Man lernt beim Ansitz ferner, worauf der Anfänger übrigens, wie bereits erwähnt, bei jeder Gelegenheit Wert legen soll, gleichfalls durch Mißerfolge am besten Distanzen schätzen und den richtigen Augenblick zur Schußabgabe erfassen. Man lernt endlich, die Aufmerksamkeit auf jeden Laut, jede Bewegung im Gras ununterbrochen rege zu erhalten, und auch das will gelernt, geübt sein, wie so manche andere Fähigkeit und Eigenschaft, die der Jäger braucht, die aber in uns Kulturmenschen, wenn wir nicht Jäger sind, im Keim unentwickelt ruhen bleibt, weil wir ihrer nicht bedürfen. Alle diese Eigenschaften, die auch für die anderen Jagdarten erforderlich sind, erwirbt man sich am besten und schnellsten am Ansitz, weil man hier allein, ganz auf sich selbst ange=

wiesen ist und nicht, wie bei gesellschaftlichen Jagden, von allen Seiten beobachtet und dadurch ängstlich und aufgeregt wird, in der beständigen Furcht, sich nur ja keine Blöße zu geben.

Eine Anleitung zu dem Ansitz auf die verschiedenen Wildarten zu geben, würde uns hier zu weit führen, ich verweise den Leser auf die größeren Handbücher und beschränke mich hier auf ein paar ganz allgemeine Bemerkungen und namentlich auf den Rat, sich den Platz zum Ansitz anfangs nicht selbst auszusuchen, da diese Wahl meist recht unzweckmäßig ausfallen dürfte, sondern sich von einem älteren Genossen anstellen zu lassen. Der Platz soll so gewählt sein, daß man guten Wind hat, d. h. daß der Wind aus der Richtung herstreicht, woher Wild hauptsächlich zu erwarten ist, und daß man nach dieser Richtung hin auch wenigstens teilweise Deckung genießt. Die geeigneten Stunden zum Ansitz sind der zeitige Morgen und der Abend, in ersterem Falle muß man noch vor Tagesanbruch an Ort und Stelle sein, in letzterem etwa eine halbe Stunde vor Sonnenuntergang. Die Annäherung an den Platz des Ansitzes soll möglichst geräuschlos geschehen, und dort angelangt, muß man sofort vollkommen ruhig bleiben, da man ja nicht wissen kann, ob nicht schon Wild in der Nähe ist. Absolute Ruhe und ungeteilte Aufmerksamkeit bilden nicht nur hier, sondern auch bei fast allen übrigen Jagdarten die Grundbedingungen des Erfolges. Gut ist es deshalb, wenn man sich schon mittags einmal nach dem zum Ansitz ersehenen Platz begiebt, etwa die Aussicht und den Ausschuß hindernde Zweige, Halme 2c. entfernt und sich im Umkreis die Maximaldistanz fixiert, auf die man schießen darf, d. h. sich hier einen Stein, da einen Busch 2c. abschreitet und sich die Entfernung merkt, da es sonst in der Abenddämmerung dem Anfänger oft nicht gut möglich ist, sich darüber klar zu werden, ob ein Stück Wild in Schußnähe ist oder nicht.

In belebteren Gegenden erscheint Wild meist erst, wenn der Abend schon recht weit vorgerückt ist und das Schußlicht zu schwinden beginnt. Da bricht ein dürres Zweiglein, das Gras rauscht etwas, und nun hoppelt Meister Lampe — diesem soll ja womöglich immer der erste Ansitz des Anfängers gelten — einher, er rückt zur Weide aus, ganz ahnungslos, daß ihm Gefahr droht, dabei aber keineswegs ohne Vorsicht, und deshalb ist solche auch bei dem jungen Schützen von nöten, den vorläufig das Jagdfieber in unbarmherziger Weise schüttelt. Nur

Ruhe, lieber junger Freund, Ruhe vor allem, vorher keine Bewegung, Anschlagen würde jetzt gar nichts helfen, denn wohin soll der Schuß gehen, wenn die Läufe in den Händen wackeln wie die Rute eines wedelnden Hundes! Nicht hinsehen ist das beste Mittel. Haben sich die fliegenden Pulse etwas beruhigt, dann warte man, wenn thunlich, einen Moment ab, wo der Hase abgewendet ist, und hebe das Gewehr zu halber Höhe, warte dann wieder, bis man den Hasen breit hat, schlage nun rasch entschlossen an und gebe in St. Huberti Namen Feuer. Der erste Schuß auf Wild, eine unsagbare Wonne bereitet er dem jungen Jäger, wenn er gelang!

Hat man den Anstand oft besucht und es sich hierbei zur Regel gemacht, nur zu schießen, wenn man ruhig ist, so ist damit schon viel gelernt, man kann nun getrost einen Schritt weiter gehen, und zwar ist es, wie bereits in einem früheren Abschnitte erwähnt, nebst der uns demnächst beschäftigenden Krähenhütte die Hühnersuche, die sich am besten dazu eignet, einen jungen Jäger, der auf dem Ansitz bereits seinen Mann gestellt und sich auch sonst alle erforderlichen Vorkenntnisse verschafft hat, weiter auszubilden.

Einige Worte mögen noch speciell dem Ansitz auf Waldschnepfen und jenem auf Wildenten gewidmet werden, obwohl beide schon einen recht tüchtigen Flugschützen erfordern; es kann ja aber der Fall vorkommen, daß sich dem Anfänger gleich in der ersten Zeit seiner jagdlichen Thätigkeit Gelegenheit zur Ausübung dieser beiden hochinteressanten Jagdmethoden bietet, weshalb hier wenigstens die wichtigsten Winke Raum finden sollen.

Der Ansitz auf Waldschnepfen kann in dem schon recht schnepfenarm gewordenen Mitteleuropa mit Erfolg nur in der Balzzeit im Frühjahr, d. i. etwa in der Zeit vom 10. März bis 5. April, ausgeübt werden; später soll man, auch wenn abends noch Schnepfen streichen, keine mehr schießen, weil dann bereits die Brutzeit beginnt. Günstig für den Ansitz sind nur warme, windstille Tage, ist das Wetter naßkalt oder stark windig, so bietet sich wenig Aussicht, zu Schuß zu kommen, zum mindesten ziehen dann die Schnepfen stumm und so niedrig, daß eine Meisterhand dazu gehört, auch da noch einen Erfolg zu erreichen. Die Hauptsache liegt natürlich in der Wahl des richtigen Platzes, weshalb sich der minder erfahrene, nicht revierkundige Jäger immer von einem im Schnepfenstrich versierten Genossen anstellen lassen, nicht sich nach eigenem Gutdünken richten soll. Wichtig ist es, sich so zu postieren, daß man womöglich mit dem Gesicht nach Westen, also nach der untergehenden Sonne hin steht und daß man nach allen Richtungen hin ungehindert anschlagen kann, dabei aber doch am besten durch einen schulterhohen, dichten Busch einigermaßen gedeckt ist. Etwas vor 6 Uhr abends muß man am Platze sein. An günstigen Tagen und bei gutem Wetter balzen die Schnepfen laut, man hört sie demgemäß schon von weitem kommen, kann sich nach der betreffenden Seite hin wenden und hat dann, wenn die Dämmerung nicht schon zu weit vorgerückt ist, meist einen recht bequemen, wenn kein Jagdfieber die Sache verdirbt, durchaus nicht schweren Schuß; kommt freilich ein Paar stechend, d. h. sich verfolgend an, so gehört viel Übung dazu, den richtigen Augenblick zur Schußabgabe zu erfassen. Den Schuß spitz entgegen vermeide ein minder geübter Schütze, er lasse die Schnepfe vorbei und schieße ihr etwas schräg von rückwärts nach. Ist das Wetter minder günstig, so kommen die Schnepfen, wenn überhaupt, stumm, und da ist es erforderlich, nicht nur die gespannteste Aufmerksamkeit nach allen Seiten hin walten zu lassen, weil man ja bei vorgeschrittener Dunkelheit die Schnepfe erst bemerkt, wenn man sie bereits schußmäßig hat, ohne daß man vorbereitet gewesen wäre, sondern auch das Gewehr derart in beiden Händen zu halten, daß man blitzschnell anzuschlagen vermag.

Beim Ansitz auf Enten, welcher so ziemlich während der ganzen gesetzlichen Schußzeit, mit besonderem Vorteil im Spätherbst und ebenso im Winter an eisfreien Gewässern ausgeübt werden kann, hat man sich im allgemeinen ähnlich zu verhalten; gut geeignet sind zu dieser Jagd nur solche klare Abende, an welchen der Mond zeitig aufgeht, da die meisten Entenarten erst zu streichen beginnen, wenn das Tageslicht schon fast vollkommen geschwunden ist. Hat man eine freie Wasserfläche vor sich, auf der erfahrungsgemäß gerne Enten einfallen, so warte man das Einfallen nur dann ab, wenn entweder noch genügendes Tageslicht herrscht oder der Wasserspiegel vom Mond beleuchtet ist; in jedem anderen Falle trachte man noch im Fluge zu schießen, da hierbei oft noch ein ganz gutes Abkommen gegen den Abendhimmel möglich ist, während die Enten mit dem Augenblick, wo sie den Wasserspiegel berühren, sozusagen spurlos verschwunden sind. Ist einmal vollständige

Finsternis eingetreten, also etwa eine Stunde nach Sonnenuntergang, kann man, auch wenn Mond und event. Schneelichte noch weiterhin das Schießen ermöglichen würden, zum Aufbruch schreiten, da dann bereits alle Enten ihre bestimmten Äsungsplätze erreicht haben, also kein weiterer Strich mehr zu erwarten ist. Günstiger für den im Flugschießen noch minder Geübten gestaltet sich der Morgenanstand an solchen Punkten, wo die Enten früh einfallen; kommen sie auch noch vor Anbruch des Schußlichtes, so kann man dann, vorzügliche Deckung vorausgesetzt, ruhig mit der Schußabgabe warten, bis gutes Abkommen möglich wird.

Viel Erfolge wird der junge Jäger wohl weder beim Schnepfen-, noch beim Entenanstand erzielen, er soll sich dadurch aber nicht abschrecken und keine Gelegenheit zu solcher Jagd unbenutzt lassen; bringt er auch meist keine Beute heim, so lehrt ihn doch jeder Tag eine Menge kleiner Vorteile und Kunstgriffe, die sich eben nur in der Praxis ergeben und nach und nach den ungeschickten Anfänger zu einem erfahrenen Jäger machen, der sich auch unter ungünstigen Verhältnissen, welchen jener ratlos gegenübersteht, noch Erfolge zu erzwingen weiß.

3. Die Krähenhütte.

Alle Raubvögel und Rabenarten hassen den Uhu, verfolgen ihn, wo sie seiner ansichtig werden, und hierauf gründet sich die sogenannte Hüttenjagd, bei welcher 20 Schritte vor einer gut deckenden, möglichst wenig auffälligen Hütte, in welcher sich der Schütze verbirgt, ein ausgestopfter oder lebender Uhu angefesselt wird. Über dem Uhu befindet sich das Hakreis oder der Aufbaum, ein dürrer Baum, auf den die Feinde des Uhu aufhaken können. In der sonst sehr wohl verwahrten Hütte ist vorn, nach dem Uhu und dem Hakreis zu, eine Schußlücke angebracht. Ausgestopfte Uhu, auch solche mit Mechanik, bieten immer nur einen Notbehelf, man schießt vor ihnen kaum ein Drittel dessen, was man mit einem lebenden Uhu, namentlich wenn derselbe recht aufmerksam und lebhaft ist, bekommt.

Die beste Jahreszeit zur Ausübung der Hüttenjagd ist die Zugzeit der Raubvögel (März—April und September—November), die beste Tageszeit von Anbruch des Morgens bis etwa 11 Uhr vormittags und dann wieder nachmittags von 3 bis etwa $1/_2 5$ Uhr.

II. Das Verhalten des Schützen auf der Jagd. 37

Der Schütze muß den Uhu ununterbrochen im Auge behalten und sein Benehmen genau beobachten. Sobald der Uhu unruhig zu werden beginnt, gesenkten Hauptes starr nach einer Richtung hinäugt, das Gefieder sträubt oder gar sich kampfbereit auf den Rücken legt und die Fänge zur Abwehr in die Höhe streckt, so sind dies Anzeichen, daß sich ein Raubvogel in der Nähe befindet, bezw. schon in der nächsten Sekunde auf der Bildfläche erscheinen wird. Manche Raubvögel, z. B. der Mäuse- und Rauhfußbussard, stoßen allerdings wiederholt auf den Uhu und haken meistenteils nach einigen Angriffen auf, so daß man sich mit dem Schießen nicht allzusehr beeilen muß; gerade die gefährlichsten Räuber aber, wie z. B. der Wanderfalke, begnügen sich oft mit ein oder zwei Stößen und sind dann auf Nimmerwiedersehen verschwunden; dieser schlimmsten Räuber wird man also nur dann mit Sicherheit habhaft, wenn man sich, durch das Verhalten des Uhu von ihrem Kommen benachrichtigt, schon vorher schußfertig macht und gleich bei Erscheinen des Raubvogels im passenden Moment Feuer giebt. Wer halbwegs schnell und sicher im Fluge schießt, warte überhaupt niemals auf das Aufhaken, sondern schieße so rasch als möglich auf den kreisenden oder stoßenden Raubvogel, denn selbst die Bussarde streichen an manchen Tagen nach zwei bis drei Stößen wieder ab.

Geschossene Raubvögel oder Krähen lasse man ruhig liegen, da sich ja leicht noch andere gefiederte Räuber in Sehweite befinden können, die man beim Heraustreten aus der Hütte nicht nur für diesen Tag, sondern meistenteils für immer vergrämen würde. Manche Jäger nehmen einen Vorstehhund in die Hütte mit und lassen geschossene Raubvögel durch diesen apportieren, ich rate jedoch auch hiervon ab; allerdings scheuen in der Nähe befindliche Raubvögel den Hund wenig, man kann indes nie wissen, ob der herabgeschossene Raubvogel auch wirklich tot ist, und wenn dies nicht der Fall, so drohen dem Hunde arge Verletzungen; selbst Sperber und Krähen können den Hund übel zurichten, ein geflügelter Habicht aber verleidet ihm das Apportieren oft bis an sein Lebensende.

Mag die Hütte auch noch so gut gebaut sein, so erscheint es gleichwohl unerläßlich, daß sich der auf alle Fälle dunkel gekleidete Jäger möglichst ruhig verhält und jede heftige Bewegung vermeidet; insbesondere darf man, wenn ein Raubvogel da ist, den Gewehrlauf nicht weiter zur Schußlücke herausstrecken, als absolut notwendig; namentlich ist dann große Vorsicht geboten, wenn ein Raubvogel aufgebaumt ist; eine einzige rasche Bewegung, ein Knacken oder Rascheln in der Hütte veranlaßt ihn zu sofortigem Abstreichen.

Es giebt Tage, an welchen selbst die erbittertsten Feinde des Uhu nicht stoßen. Sind also zwei oder drei Raubvögel in nicht allzu großer Entfernung vorbeigestrichen, ohne den Uhu zu beachten, so kann man die Jagd für diesen Tag ruhig aufgeben. An warmen, sonnigen Tagen, die sich überhaupt zur Hüttenjagd weniger gut eignen, als kühles Wetter mit bewegter Luft, soll man die Jagd aus Rücksicht auf den Uhu nicht allzu lange ausdehnen; sobald man bemerkt, daß er die Flügel hängen läßt und öfter den Schnabel offen hält, so ist es Zeit, die Jagd abzubrechen. — Daß man beim Schuß auf stoßende Raubvögel acht geben muß, den Uhu nicht zu verletzen, bedarf wohl keiner weiteren Bekräftigung.

4. Feldjagden.

Die Hühnersuche besteht einfach darin, daß man Felder und Wiesen durch den Vorstehhund abrevieren läßt, bis derselbe Hühner in die Nase bekommt, anzieht und endlich steht, worauf man herantritt und die Hühner zum Aufstehen bringt. Es ist dies also eine der einfachsten Methoden, zudem ist der Schuß auf aufstehende Rebhühner, namentlich zu Beginn der Saison, wo sie noch nicht so flugtüchtig sind wie später und bei günstigem Wetter sehr gut aushalten, einer der leichtesten auf Flugwild, ferner ist man durch den Hund vorbereitet, muß sich aber eben deshalb zur Ruhe zwingen, jede Aufregung bemeistern, und diese Momente sind es, die gerade diese Jagdart nächst dem Anstande zur passendsten für den Anfänger machen. Allerdings soll derselbe weder je allein, noch in größerer Gesellschaft jagen, sondern womöglich immer nur mit einem einzigen erfahrenen Weidgenossen, der ihn bei jeder Gelegenheit auf begangene Fehler aufmerksam macht und ihn dadurch auf spätere größere, gesellschaftliche Jagden entsprechend vorbereitet. Über die Art und Weise, wie der Anfänger schießen soll, habe ich mich bereits ausgesprochen, an volle Ketten soll er sich erst dann wagen, wenn er einzelne Hühner mit halbwegiger Sicherheit trifft. Bei vollen Ketten muß er sich dann auch stets ein einzelnes Huhn aussuchen, am besten ein am Rande streichendes, denn der Schuß mitten

II. Das Verhalten des Schützen auf der Jagd. 39

in die Kette bringt immer die Gefahr mit sich, daß außer dem bezielten Huhn noch ein oder zwei weitere von einzelnen Schrotkörnern getroffen werden, aber noch fortstreichen und verloren gehen. Das blinde Hinschießen auf den Punkt, wo sich die Hühner scheinbar am dichtesten drängen, ist absolut verwerflich, einerseits aus dem erwähnten Grunde, andererseits aber auch deshalb, weil fast immer nur scheinbar wenig Raum zwischen den abstreichenden Hühnern vorhanden ist und daher zwei blind, ohne auf bestimmte Stücke abzukommen, abgegebene Schüsse nur zu oft ohne jeden Erfolg bleiben. — Bringt es ein Anfänger schon in der ersten Saison dahin, aus aufstehenden Ketten wenigstens ab und zu einmal mit eleganter Doublette zwei Hühner herab zu holen, so kann er mit sich zufrieden und sicher sein, daß er nun auch auf Treibjagden ganz gute Erfolge erzielen wird.

Unter den Treibjagden im Felde ist das Kesseltreiben auf Hasen die verbreitetste Methode. Zu demselben sind stets etwa 20—30 Schützen und 3—4 mal soviel Treiber erforderlich. Unsere Fig. 26

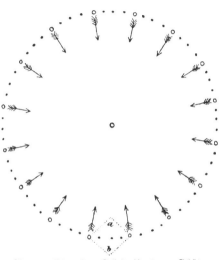

Fig. 26. Plan eines Kesseltreibens. ○ Schützen, • Treiber. a Gestattete Schußrichtung vor, b nach dem Abblasen.

giebt den Plan eines solchen Treibens. Von einem bestimmten Platz aus läßt der Dirigent nach rechts und links immer einen Schützen, dann in entsprechenden Pausen 3—4 Treiber, dann wieder einen Schützen abgehen und so fort. An der Spitze der beiden so gebildeten Flügel geht je ein terrainkundiger Führer, der mit den ihm folgenden Schützen und Treibern im Halbkreise vorschreitet, so zwar, daß, wenn die beiden Führer endlich gegenüber dem Rendezvous zusammentreffen, der ganze Trieb von einem Kreis eingeschlossen wird, den Schützen und Treiber in regelmäßigen Abständen bilden. Auf ein Hornsignal hin geht nun alles stets genau Reihe haltend, langsam gegen den Mittelpunkt vor. Jeder Schütze hat die Verpflichtung, nicht nur selbst stets genau in der Mitte zwischen seinen beiden Nachbarn und mit diesen in vollkommen gleicher Linie zu bleiben, er muß auch darauf achten, daß die Treiber rechts und links von ihm stets in so geordneter Weise vorgehen; es ist dies ebensowohl im Interesse der Jagd als deshalb geboten, weil man, wenn nicht genau Reihe gehalten wird, im Schießen gehindert ist und leicht Verletzungen durch Prellschrote vorkommen können. Im Anfang steht es dem Schützen frei, schon in den Kreis hinein zu schießen (a) und auf diese Weise Hasen zu erlegen, die breit bei ihm vorbeidefilieren oder spitz auf ihn zukommen, oder er kann letztere auch aus dem Kreis herauslassen und sie erst nach rückwärts beschießen, doch darf er in diesem Falle erst anschlagen, wenn der Hase die Frontlinie passiert hat, unter keiner Bedingung schon früher, was schlechte Schützen, um rascher fertig zu werden, sehr gerne thun. Schon früher ist betont worden, daß es einen schlechten Eindruck macht, wenn ein junger Jäger auf übermäßig weite Entfernungen herumknallt; kreiseinwärts, auf einen breit vorbeilaufenden Hasen, kann man sich eher noch ausnahmsweise einmal einen etwas riskierten Schuß gestatten, nach rückwärts aber soll dies unbedingt unterbleiben, da kranke Hasen, die den Kreis verlassen, entweder, wenn kein Apporteur in der Nähe ist, sehr oft verloren gehen oder zum mindesten das Nachschicken eines Treibers erfordern, wodurch immer Unordnungen entstehen. Auf Hasen, die einmal durchgebrochen sind, soll man also bloß schießen, wenn man seiner Sache ganz sicher ist. Hat sich der Kreis derart verengt, daß die einander entgegen schreitenden Schützen durch Prellschrote verletzt werden könnten, so wird durch ein erneutes Hornsignal seitens des Dirigenten angezeigt, daß von nun ab niemand mehr in den Kreis schießen darf, jeder Schütze darf erst Feuer geben, wenn der Hase die Front passiert hat (b). Endlich zeigt ein drittes Hornsignal an, daß die Schützen stehen bleiben, die Treiber aber den Rest des nun bloß mehr 100—150 Schritte im Durchmesser haltenden Kreises abzugehen und hier etwa noch festliegende (meist kranke) Hasen zum Herausfahren zu bringen haben. Hiermit ist der Trieb beendet. Es liegt in der Natur der Sache, daß gerade bei dieser Jagdart die größte Vorsicht notwendig erscheint, in jedem Falle, insbesondere aber dann, wenn das Terrain nicht ganz eben,

II. Das Verhalten des Schützen auf der Jagd. 41

sondern teilweise koupiert ist. Nach jedem Trieb wird Strecke gemacht, d. h. das erlegte Wild in Reihen regelmäßig nebeneinander gelegt und abgezählt; es gilt als ungehörig, über die Strecke weg zu schreiten, man hat sie stets zu umgehen.

Eine zweite Art der Feldjagd auf Hasen ist das Streifen, wovon unsere Fig. 27 einen Plan giebt. Bei demselben werden die Schützen in schnurgerader Front (AB) nebeneinander mit Abständen von 70 bis 80 Schritten postiert, zwischen ihnen je 6 bis 10 Treiber. Von den Endpunkten dieser Linie laufen zwei gleichfalls von Schützen und Treibern gebildete, etwa 200 Schritte lange Flügel (AJ und BK) rechtwinkelig aus, und sobald diese Aufstellung beendet ist, rückt alles immer in gerader Richtung langsam vor. Inzwischen ist in weiter Entfernung, etwa 3 bis 6 km vor dieser Front,

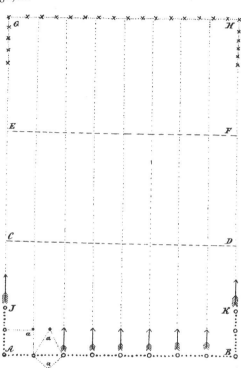

Fig. 27. Plan einer Streifjagd. ○ Schützen, • Treiber, × lebende Lappen. AB Schützenfront, AJ und JK Schützenwehren, CD und EF Richtungslinien, GH Lappenwehr. a Gestattete Schußlinien.

der Länge derselben genau entsprechend, eine Wehr lebender Lappen (GH) gebildet worden, d. h. dort stehen Treiber in Abständen von 20 Schritten und erhalten eine Schnur, an welcher bunte Stofflappen oder gefärbte Federn befestigt sind, mit den Händen in ununterbrochener Bewegung. Diejenigen Hasen, welche nicht ohnedies schußmäßig vor der Front herausfahren, sondern rechtzeitig das Weite suchen, gelangen an die flatternden Lappen und eilen,

von panischem Schrecken erfaßt, größtenteils direkt auf die Front zu=
rück, so daß sie dort nun doch zu Schuß kommen. Wie beim Kessel=
treiben, so ist auch hier Ordnung im Vorgehen unerläßlich, von ihrer
strengen Aufrechterhaltung hängt ebensowohl das Gelingen der Jagd,
wie die Vermeidung von Unglücksfällen ab. Jedem Schützen ist sein
Weg durch Strohwische gekennzeichnet, außerdem sind auf etwa je
1000 Schritte Richtungslinien ausgesteckt (CD und EF); hier wird Halt
geblasen, das erlegte Wild wird abgelegt und nach Herstellung der
Ordnung ein erneutes Signal zu weiterem Vorrücken gegeben. Stehen
sich die Fronten der Schützen und der lebenden Lappen etwa nur mehr
200 Schritte weit gegenüber, so wird durch ein Signal angezeigt, daß
jetzt nicht mehr nach vor=, sondern nur nach rückwärts geschossen werden
darf. Jagden dieser Art erfordern ein sehr großes Terrain und auch
eine große Anzahl von Treibern, dafür aber weniger Schützen. In
guten Lagen sind die Strecken oft enorm; so hatte ich Gelegenheit, bei
meinem leider zu früh verstorbenen Freunde Herrn Freiherrn von
Byern auf Borna bei Bornitz in Sachsen mehrmals eine bloß aus
zwei Trieben bestehende, im ganzen etwa fünfstündige Streifjagd mit=
zumachen; am 8. November 1890, bei sehr günstigem Wetter, schossen
wir (22 Schützen) in dieser kurzen Zeit 1856 Hasen und 92 Rebhühner!

In sehr koupiertem Terrain sind die beiden vorerwähnten Jagd=
methoden undurchführbar, da selbst dann, wenn nur lauter ganz zu=
verlässige Schützen eingeladen wären, Unglücksfälle mitunter nicht zu
vermeiden sein würden. Auf solchem Terrain ist das Standtreiben
die empfehlenswerteste Methode. Wie bei der Streifjagd werden hier=
bei die Schützen mit vorgenommenen Flügeln postiert, jedoch ohne
zwischen sie verteilte Treiber. Die Schützen verbleiben auf ihren Ständen,
während die Treiber von der anderen Seite her die Hasen zutreiben.
Im allgemeinen hat sich der Schütze bei solchen Jagden so zu verhalten,
wie bei dem im folgenden beschriebenen Standtreiben im Wald.

Noch hätten wir die Suche auf Hasen zu erwähnen, die für den
Anfänger eine treffliche Übung bildet, aber freilich von weidmännischem
Standpunkt aus deshalb eine wenig empfehlenswerte Methode darstellt,
weil die Rammler meist außer Schußweite herausfahren, die Strecke also
zum größten Teil aus Häsinnen besteht. Die Suche besteht einfach
darin, daß ein oder mehrere Schützen mit oder ohne Vorstehhunden die

II. Das Verhalten des Schützen auf der Jagd.

Felder absuchen und die in entsprechender Entfernung herausfahrenden Hasen schießen. Ungeübte Schützen sollen bloß schräg von rückwärts oder breit, ganz spitz von rückwärts dagegen gar nicht oder nur auf ganz nahe Distanzen schießen; Spitzschüsse von rückwärts auf größere Entfernungen erfordern einen Meisterschützen, wer nicht überaus sicher ist, schießt den Hasen meist nur lauflahm oder auf die Keulen, so daß derselbe ohne guten Apporteur, welcher freilich bei der Suche nie fehlen sollte, verloren geht.

4. Waldjagden auf Reh- und Niederwild.

Gemischte Treibjagden im Walde gelten meist in erster Reihe gleichfalls dem Hasen, doch kommen in der Regel auch Rehböcke und Füchse, mitunter Waldschnepfen und Fasanen, in manchen Gegenden auch Birkhähne und Haselhühner zum Schuß, und in diesem Wechsel, in dieser Erwartung verschiedenen Wildes, liegt für den Jäger ein ganz besonderer Reiz, aber auch eine Fülle von Anforderungen, die anfangs nicht so leicht tadellos zu erfüllen sind. Man gewahrt das Wild nicht, wie auf dem Felde, in der Regel schon von weitem, es kommt unerwartet, dazu ist man der hindernden Bäume und Sträucher wegen gezwungen, den Schuß, wenn nicht auf einem bestimmten Punkt, so doch auf einer eng begrenzten Strecke abzugeben, also sehr rasch zu schießen, und endlich muß man, wenn z. B. nur Rehböcke und Fasanenhähne, aber keine Ricken und Hennen geschossen werden dürfen, vor dem Schuß das ankommende Wild erst genau ansprechen; da hat es oft selbst der alte Praktiker nötig, alle seine jagdlichen Fähigkeiten zusammen zu nehmen, um wie viel mehr nicht erst der Anfänger. Dieser soll namentlich bei dem für ihn ja meist noch sehr schwierigen Ansprechen des Wildes die größte Sorgfalt walten lassen, denn nichts ist peinlicher als das Schießen eines verbotenen Stückes, z. B. einer Ricke, in sorgsam gehegten Revieren. Das rasche Ansprechen eines einzelnen auf der Treibjagd flüchtig ankommenden Stückes Rehwild ist oft eine schwere Aufgabe, noch gesteigert aber wird diese Schwierigkeit, wenn ein Sprung von 3—5 oder mehr Stücken auf der Bildfläche erscheint, man unter ihm den Bock heraussuchen und schießen soll, ohne ein anderes Stück mit zu verletzen. In einem solchen Falle auf das Haupt zu schauen, wäre ganz verfehlt, denn einerseits haben die Böcke zu der Zeit, wo die meisten Waldjagden abgehalten werden, zum größten Teil schon abgeworfen, andererseits sieht man nur ein ganz kapitales Gehörn unter allen Umständen, geringere Gehörne decken oft die Lauscher. Es bleiben als sichere Erkennungszeichen nur die Schürze der Ricke und der Pinsel des Bockes übrig, doch darf man sich auf erstere, d. h. auf ihr Fehlen, keineswegs allein verlassen. Die Schürze besteht aus einem Büschel lichter Haare, welche am Spiegel der Ricke das Feuchtblatt decken; sieht man die Schürze, so braucht man sich um das Stück nicht mehr zu kümmern, da es eben eine Ricke ist; sieht man sie aber nicht, so giebt das noch keine Berechtigung, das Stück ohne weiteres als Bock anzusprechen und zu beschießen, denn sehr oft zieht die Ricke, namentlich bei plötzlichem Erschrecken, die Schürze derart an, daß man sie selbst mit geübtem Blick nicht immer erkennt. Unbedingt verläßlich ist für das Ansprechen nur der Pinsel, d. h. ein von der Brunstrute des Bockes herabhängender gelblicher Haarbüschel; hat man den Pinsel nicht deutlich gesehen, so ist jeder trotzdem abgegebene Schuß, wenn Ricken geschont werden sollen, sträflicher Leichtsinn. Sehr oft wird der Anfänger (mitunter ja selbst der gewiegteste Grünrock!) außer stande sein, ein Stück anzusprechen, namentlich aus einem Sprung den Bock herauszufinden; er schieße in diesen Falle nicht, denn das Passierenlassen eines nicht oder doch zu spät erkannten Bockes ist keine Schande, wogegen das Schießen einer Ricke unter allen Umständen scharfe Rüge verdient. Beim Fasan sind Hahn und Henne beim Aufstehen und beim Vorbeistreichen meist an der verschiedenen Färbung mühelos zu erkennen, wogegen dies bei spitz anstreichenden, namentlich wenn die Beleuchtung ungünstig ist, nicht so leicht fällt; auch hier ist also Vorsicht am Platz. Bei Birkwild kann wohl nie eine Irrung vorkommen, zum mindesten wäre sie unverzeihlich. Dagegen aber sind Birkhenne und Haselhuhn für einen ungeübten Blick im Freien sehr leicht zu verwechseln.

Die häufigste Art der Waldjagden sind Standtreiben. Bei denselben wird ein viereckiger Walddistrikt an allen vier oder auch nur an drei oder zwei Seiten mit Schützen in Abständen von je 45 bis 60 Schritten besetzt. Sobald ein Schütze angestellt ist, hat er die Verpflichtung, sich, wenn die Anstellung nicht etwa auf einem Flügel, an einem Schlag- oder Wiesenrand, sondern quer durch den Bestand, also in minder aussichtsreichem Terrain erfolgt, mit den zunächst postierten

II. Das Verhalten des Schützen auf der Jagd.

Nachbarschützen durch einen leisen Pfiff und Schwenken des Armes oder Hutes zu verständigen, damit jeder genau informiert ist, wohin er schießen kann, ohne jemanden zu gefährden. Von diesem Augenblicke an aber soll sich der Schütze, nachdem er noch das Gewehr geladen, gespannt und schußmäßig in die Hand genommen hat, absolut ruhig verhalten und jede Bewegung, jedes Geräusch vermeiden, denn Bock und Fuchs erscheinen oft über Erwarten zeitig, ebenso nicht selten, namentlich bei hartem Frostwetter, alte Rammler.

Sehr wichtig ist die Stellung des Schützen. Derselbe soll immer mit dem Gesicht nach dem Treiben zu stehen, und zwar so, daß er den linken Fuß gerade nach vorn, den rechten etwas zurückgenommen, nach rechts auswärts gerichtet hat; bei dieser Stellung kann man, ohne sich zu wenden, ebensogut nach vorn als nach links und rechts schießen. Stellt man dagegen beide Füße normal, d. h. nebeneinander und etwas auswärts, so kann man wohl ohne Wendung nach vorn und links, aber nicht nach rechts schießen, ohne die Fußstellung zu ändern, durch welche Bewegung man scheues Wild, namentlich den Fuchs, oft unnütz zur Umkehr veranlaßt.

Was die Haltung des schußfertigen Gewehres betrifft, so ist es am praktischesten, dasselbe mit der linken Hand von unten am Ende des Vorderschaftes zu fassen, während die rechte, nachdem der Riemen angespannt ist, so daß seine Schlinge rückwärts liegt, von oben den Kolbenhals ergreift, wobei der Zeigefinger vorn auf dem Bügel ruht; die Läufe sind etwas nach links und abwärts gerichtet. So ist man, ob rechts oder links Wild ankommt, stets am schnellsten schußbereit, viel schneller jedenfalls, als wenn man das Gewehr einfach bequem unter den rechten Arm nimmt, was sich nur sehr flinke firme Schützen gestatten sollen. Wer flink ist, kann das Gewehr auch bloß mit der rechten Hand in der beschriebenen Weise fassen und mit den Hähnen nach abwärts auf die rechte Schulter stützen, doch ist diese sowie jede andere Haltung weniger empfehlenswert, als die zuerst angegebene.

Nie soll man sich dicht an einen starken Stamm anstellen, da man in diesem Falle nicht bloß direkt spitz anlaufendes Wild oft zu spät bemerkt, sondern auch erst einen Schritt zurücktreten muß, um nach rechts anschlagen zu können. Die beste Deckung bietet immer ein etwa schulterhoher Busch; fehlt ein solcher, so stelle man sich einen kurzen Schritt hinter einen mittelstarken Stamm.

46   I. Teil. Einführung in die praktische Jagdkunde.

Fig. 28. Stellung des schußfertigen Schützen auf dem Stand.

II. Das Verhalten des Schützen auf der Jagd.

Sind alle Schützen angestellt, so giebt der Dirigent durch ein Hornsignal das Zeichen zum Beginn des Vorgehns. Vorher darf auf vielen Jagden nicht oder doch nur ausnahmsweise, z. B. auf einen Fuchs, geschossen werden; um nach dieser Richtung keinen Verstoß zu begehen, ist es, wenn nicht ohnedies, was auf den meisten gut geleiteten Waldjagden geschieht und geschehen soll, specielle Jagdregeln verlesen werden, gut, sich vom Dirigenten vor Beginn der Jagd für alle Fälle, in welchen Zweifel auftauchen könnten, Verhaltungsmaßregeln zu erbitten.

Sieht man Wild von weitem herankommen oder hört man es wenigstens deutlich, so daß man weiß, wo man es beiläufig zu erwarten hat, so wende man sich behutsam nach der betreffenden Seite, hebe das Gewehr etwas, schlage aber erst an, wenn das Stück in Schußnähe ist; vorzeitiges Anschlagen erscheint unpraktisch, weil das Wild im Heran= wechseln oft noch ein= oder zweimal verhofft oder sichert, ehe man es schußgerecht hat, und die Arme dann unter Umständen zu sehr ermüden. Viel mehr als im Felde hängt im Walde der Erfolg des Schusses da= von ab, daß er im richtigen günstigen Moment, weder zu früh noch zu spät und auf einen Punkt abgegeben wird, wo man das ganze Wild oder beim Rehbock wenigstens Hals und Blatt frei hat, damit sich nicht ein Teil der Schrote verschlagen und wirkungslos werden kann. Ganz besonders wichtig ist dies, wenn das Schießen von Rehböcken erlaubt ist; man hat da hohes edles Wild vor sich, aber nur eine verhältnis= mäßig unzureichende Waffe in der Hand, soll also die größte Gewissen= haftigkeit walten lassen und nur schießen, wenn man wirklich überzeugt ist, den Bock sicher im Feuer strecken zu können. Schüsse auf die Keulen darf man nie abgeben, auch starke Schrägschüsse und alle Schüsse spitz von vorn sind streng zu vermeiden, man schieße womöglich immer nur breit und nie weiter als auf 30, höchstens 35 Schritte; auf diese Ent= fernung ist der Schrotschuß Nr. 2 und selbst Nr. 4 (in Österreich 4 und 6), vorn angebracht, unbedingt tödlich, läßt man sich jedoch zu weiteren Schüssen verleiten, so wird manches Stück elend zu Holz ge= schossen. Wenn man bei Fasanjagden Nr. 6 (8) führt, darf man auf Reh= böcke nicht weiter als auf 20, auf Hasen nicht weiter als auf 30 Schritte schießen und dies auch nur, wenn man das Wild breit und frei hat.

Ist auf den Schuß ein beschossenes Stück Haarwild, einerlei was, weitergeflüchtet, so muß man sich die Stelle des Anschusses genau merken und nach dem Treiben (während desselben seinen Stand auch nur für einen Augenblick und nur wenige Schritte weit zu verlassen, ist absolut unstatthaft) dieselbe genau untersuchen. Findet man abgeschossenes Haar, Wolle oder gar Schweiß, oder hat man aus dem Verhalten des Stückes entnommen, daß es bestimmt getroffen ist, so muß man die Fährte verbrechen, indem man ein Reis mit der Bruchstelle nach der Richtung, woher das Wild kam, in die Fährte legt, die Stelle auch noch durch Anlaschen von ein oder zwei Stämmen oder durch Knicken von Zweigen markiert, und dann dem Jagdleiter behufs späterer Nachsuche Anzeige erstatten. Allerdings soll man ganz bestimmte diesfällige Angaben nur machen, wenn auf dem Anschuß Schußzeichen vorhanden waren, man also seiner Sache ganz sicher ist. Es giebt Schützen, die jeden gefehlten Hasen oder Bock als „schwer krank" melden, doch macht man sich durch solches Vorgehen einerseits lächerlich, andererseits liegt darin eine arge Rücksichtslosigkeit gegen das Personal, welches dadurch ganz zwecklos zu mühevoller Nachsuche veranlaßt wird. Jägerlatein ziert keinen Jäger, am wenigsten aber den Anfänger. Am Biertisch mag gutes Latein noch hingehen, im Revier aber ist es unter allen Umständen verwerflich.

Unbedingt muß man regungslos, ungeteilt aufmerksam und schußbereit so lange verharren, bis das Treiben abgeblasen wird, also auch dann noch, wenn die Treiber bereits sehr nahe herangekommen sind, da sich namentlich Hasen, vor allem aber Fasanen und oft auch Waldschnepfen bis zum letzten Augenblick drücken und erst aufstehen, wenn die Treiberfront schon dicht bei den Schützen angelangt ist. Erst wenn abgeblasen wurde, hat man das Gewehr abzuspannen und zu entladen, sieht hierauf, wenn nötig, ohne Zeitverlust auf eventuellem Anschuß nach und begiebt sich dann rasch nach dem bezeichneten Rendezvous; nichts ist peinlicher, als wenn mit der Fortsetzung der Jagd auf einzelne saumselige Schützen gewartet werden muß. Daß auch beim Gang von einem zum anderen Trieb jeder unnütze Lärm, also auch lautes Sprechen, vermieden werden muß, versteht sich wohl von selbst, wird aber nicht immer beachtet. Im Revier soll man nur jagen, also schauen und schießen, zu allem anderen ist beim „Schüsseltreiben" Zeit genug.

Streifjagden im Walde werden in ähnlicher Weise wie auf dem Felde abgehalten, nur sind die einzelnen Triebe viel kürzer. Selbst wenn, was übrigens wohl selten geschehen dürfte, ein noch nicht ganz

II. Das Verhalten des Schützen auf der Jagd.

sicherer Anfänger wirklich eine Einladung zu solcher Jagd erhielte, so sollte er Entsagungskraft genug besitzen, sich zu entschuldigen; bei keiner anderen Art der Treibjagd ist soviel Ruhe, Schnelligkeit, allgemeine jagdliche Routine und insbesondere durch nichts aus dem Gleichgewicht zu bringende Vorsicht geboten wie bei dieser, und da reicht bei einem jungen Jäger auch der beste Wille oft nicht aus. Er würde auf einer solchen Jagd stets elend schießen, auch wenn er sonst ganz Befriedigendes leistet, und zudem, wie schon gesagt, beim besten Willen Gefahr laufen, ein Unglück anzurichten. Das Gleiche gilt übrigens auch von größeren speciellen Fasanenjagden; zu früh sollte, auch wenn sich Gelegenheit dazu bietet, niemand an solchen teilnehmen.

6. Treibjagden auf Hochwild.

Für Treibjagden auf Hochwild jeder Art gelten im allgemeinen die gleichen Regeln wie für jene auf Niederwild, nur mit dem Unterschiede, daß auf ihnen ausschließlich die Büchse zur Verwendung gelangt, weshalb erhöhte Vorsicht in jeder Beziehung zur unerläßlichen Pflicht wird. Diese Vorsicht soll sich nicht bloß auf Nachbarschützen und Treiber, sondern insofern auch auf das Wild erstrecken, als man Fehlschüsse ebenso wie vor allem das Krankschießen vermeiden, also nur schießen soll, wenn man das betreffende Stück gut schußmäßig, womöglich breit oder etwas schräg von rückwärts und frei hat. Jeder Hazardschuß auf edles hohes Wild gilt mit Recht als Aasjägerei, auch dann, wenn er vorbei ging, denn es bleibt sich ja im Prinzip gleich, ob er traf oder nicht; selbst wenn das Stück tadellos im Feuer liegt, ist der Schütze nicht gerechtfertigt.

Bezüglich des Schießens auf flüchtiges Hochwild mit der Kugel besondere Anweisungen zu geben, unterlasse ich, da in dieser Hinsicht die beste Theorie grau bleiben muß; nur auf zwei wichtige Punkte möchte ich den Anfänger aufmerksam machen. Wer als Schrotschütze geübt, als Kugelschütze aber noch so ziemlich Neuling ist, begeht meist den Fehler, daß er breit vorbeiflüchtendes Hochwild schrotschußmäßig beschießt, d. h. ziemlich weit vorhält. Für die alten Lefaucheux- und Lancasterbüchsen war das ganz gut, bei den heutigen Expreßbüchsen aber, die eine enorme Rasanz und Fluggeschwindigkeit haben, ist es ein Fehler, weil man bei solchem Abkommen sehr oft entweder vorn am Stich vorbeischießt oder Halsschüsse erzielt, die, wie wir später sehen werden, keineswegs immer töblich sind, zum mindesten oft schwierige Nachsuchen erfordern. Bis auf 100 Schritte reicht es aus, wenn man die Stichkante faßt, bei nahen Distanzen braucht man kaum drei oder vier Finger vorzuhalten. Der zweite Punkt ist das Überschießen. Die meisten Büchsen sind mit gestrichenem, manche auch mit feinem Korn eingeschossen, also so, daß die Kugel das Ziel trifft, wenn die obere Kante des Kornes mit der Visierkante abschließt, oder so, daß man nur den obersten, die Visierkante nicht erreichenden Teil des Kornes im Visiereinschnitt sehen darf. Bei rasch abgegebenen Fluchtschüssen aber nimmt man unwillkürlich immer volles Korn, d. h. der Oberteil des Kornes überragt die Visierkante, und je nachdem dies in höherem oder geringerem Grade der Fall und das Wild näher oder weiter ist, geht die Kugel mehr oder weniger zu hoch. Ich habe es mir daher zur Regel gemacht, in der Flucht wohl stets mit vollem Korn zu schießen, das Stück aber sehr tief zu fassen, und habe damit immer gute Erfolge erzielt, sehr wenige Stücke über= und auch nur selten eines kreuzlahm oder hohl durchschossen, was sehr leicht geschieht, wenn man, unwill= kürlich eben mit zu vollem Korn, mitten auf bezw. etwas vor das Blatt abkommt. Wollte man sich bemühen, das Korn auch beim Fluchtschuß fein oder wenigstens gestrichen zu nehmen, so ginge dabei zu viel Zeit verloren, oft würde man da überhaupt nicht fertig werden oder wenigstens das Stück nur weidwund, vielleicht auch auf die Keulen schießen oder hinter diesen vorbei ganz fehlen. — Am meisten muß man sich bei Schwarzwild vor dem Überschießen hüten, da namentlich bei groben Sauen die langen Federn täuschen.

Gestürzten Stücken, die nicht verendet sind, z. B. namentlich kreuz= lahmen, gebe man sofort eine zweite Fangkugel, womöglich hinter die Lauscher. In jedem Falle muß man ein gestürztes Stück, der später noch zu besprechenden Hohl=, Krell= und Federschüsse wegen, ein paar Minuten lang genau beobachten, denn Stücke mit letzteren Schüssen werden sehr bald wieder hoch und gehen meist verloren. Stücke, die nicht wieder hoch werden können, aber noch nicht verendet sind, werden meist abgefangen, indem man den Hirschfänger 2—3 Finger hinter dem Blatt ansetzt und einen scharfen Stoß schräg nach vorwärts führt;

II. Das Verhalten des Schützen auf der Jagd.

doch ziehe ich den blitzartig schnell tötenden Fangschuß hinter die Lauscher immer vor. Die erste Pflicht jedes Jägers ist es, jede wie immer geartete Tierquälerei streng zu vermeiden.

7. Die Birsch; Anschuß, Schußzeichen und Nachsuche.

Birsch ist diejenige Jagdmethode, bei welcher ein einzelner Jäger Wild — speciell hohes Haarwild — aufsucht und bis auf gute Kugelschußdistanz anzubirschen trachtet. Schon aus dieser kurzen Definition geht hervor, daß die Birsch weitaus die schwierigste, eben deshalb aber wohl auch die schönste aller Jagdarten auf Hochwild sei, denn sie erfordert in höchstem Maße alle jene Eigenschaften, die den guten Jäger ausmachen: genaues Vertrautsein mit den Lebensgewohnheiten des Wildes, scharfe Beobachtungsgabe, scharfes Auge und Gehör, Geduld, Ruhe, schnelle Entschlossenheit, einen geschmeidigen, biegsamen, dem Willen vollständig gehorchenden Körper und endlich im gegebenen Augenblick eine sichere Hand.

Daß bei jeder Birschjagd ganz besonders auf wenig auffallenden Anzug geachtet werden muß, versteht sich wohl von selbst. Die Jagdtasche soll zu Hause bleiben, ebenso rate ich von kleinen Gürtel-Patronentaschen ab, man soll überhaupt nichts an sich herumhängen haben, als das unentbehrliche, an einer dünnen Lederschnur hängende Glas und einen gut sitzenden, nicht neuen Rucksack; die wenigen erforderlichen Patronen kann man ja bequem in einer Seitentasche des Rockes tragen, und was sonst in der Regel die Jagdtasche füllt — Pfeife, Tabaksbeutel, Feuerzeug, Jagdfrühstück 2c. — bleibt für die Birschjagd am besten überhaupt weg. Will man sich von diesen Utensilien, die aber nur auf dem Hin- und Rückweg in Aktion treten dürfen, absolut nicht trennen, so können sie, wohlverpackt, damit sie nicht klappern, ja auch im Rucksack Raum finden. Das Glas soll nicht zu groß und schwer, aber scharf sein und ein großes Gesichtsfeld haben, damit man das gesuchte Objekt rasch findet; einfache, bloß für ein Auge bestimmte Gläser eignen sich deshalb für die Birsch nicht. Die Büchse muß entweder ganz matte, erhaben gebeizte Naturdamast- oder aber gut brünierte Läufe haben, damit sie nicht glänzt; der Riemenbügel darf nicht klappern und die Riemenschnalle muß mit Leder überzogen sein.

4*

Betrachten wir nun vorerst die Birsch auf den Rehbock. Im allgemeinen bilden die frühen Morgen- und späten Abendstunden die beste Birschzeit, ferner eignet sich jede Tageszeit nach einem Gewitterregen zur Birsch; übrigens sind speciell alte Böcke überall und nirgends, sie binden sich an keine Zeit, man kann also in der Periode vom 1. Mai bis Ende August oder September auch zu jeder anderen Stunde birschen, um so mehr, als sich das Rehwild weniger gern als das Rotwild tagsüber in geschlossenen Dickungen, vielmehr mit Vorliebe in schattigen Hoch- und Stangenhölzern niederthut. Freilich erfordert die Birsch zu Tageszeiten, in welchen das meiste Wild still im Bette sitzt, ganz besondere Vorsicht und namentlich ein sehr scharfes, geübtes Auge, — wer nicht durch Schaden wiederholt klug geworden ist, glaubt es nicht, wie schwer man einen Bock im Bett sitzen sieht; meist gewahrt man ihn erst, wenn der Spiegel leuchtet, wenn es also, mit seltenen Ausnahmen, für einen weidgerechten Schuß bereits zu spät ist. Ein minder geübter Blick übersieht selbst sitzendes Rotwild sehr leicht.

Gilt es in den Morgen- und Abendstunden speciell dem Kapitalbock, so hat man sein Augenmerk weniger auf die größeren Wiesen und Schläge zu richten, da hier vorwiegend nur Ricken mit Kitzen und jüngere Böcke austreten; der alte Herr liebt solche freie Plätze nicht, ihn sucht man am sichersten an Quellen und Bächen, die hohes Holz durchfließen und an deren Rändern sich saftige Vegetation entfaltet, in ganz schmalen, gewundenen Wiesenthälern, in alten, teilweise ausgeplänterten Hochhölzern, die kleine freiere Stellen enthalten, dann auch auf Schneisen und Flügeln, sofern dieselben eine üppige Grasnarbe besitzen, im allgemeinen also stets an solchen Punkten, wo er sich mit einer einzigen Flucht salvieren kann und wo man ihn erst im letzten Moment gewahrt, welche beiden Umstände natürlich der erfolgreichen Ausübung der Jagd nichts weniger als günstig sind. Man muß — immer in gutem Winde — sehr langsam vorgehen, in guter Deckung öfter stehen bleiben und darf vor allem die Grundregel jeder Birsch nicht außer acht lassen, stets mit vollem Fuße aufzutreten, nicht etwa auf den Spitzen zu schleichen. Letzteres ist deshalb ganz zu verwerfen, weil man, abgesehen von der Zwecklosigkeit an sich und der vorzeitigen Ermüdung, beim Gehen auf den Fußspitzen oft nicht so plötzlich stehen zu bleiben vermag, als es häufig geboten erscheint. Sehr oft bemerkt

II. Das Verhalten des Schützen auf der Jagd.

man den Bock erst, wenn er auch schon den Schützen eräugt hat, sich über die fremdartige Erscheinung aber noch nicht klar ist; die leiseste Bewegung noch, und der Bock flüchtet, wogegen, wenn man absolut ruhig bleibt und die Augen senkt, so daß das Wild nicht die Empfindung des Blickes hat, noch keineswegs jede Hoffnung verloren ist. Bei aller Sinnesschärfe, was Augen und Vernehmen betrifft, fehlt doch jedem Wilde das Unterscheidungsvermögen; so lange ein Mensch vollständig ruhig bleibt und das Wild nicht fixiert, erkennt ihn dasselbe als Menschen nicht, es beäugt den plötzlich vor ihm aufgetauchten, fremdartigen Gegenstand wohl oft längere Zeit mit Mißtrauen, faßt ihn jedoch nicht auf und beruhigt sich daher bald wieder, wogegen es in ihm bei der leisesten Bewegung unverzüglich den Feind erkennt und entweder gleich flüchtet oder doch zu schrecken beginnt, den Jäger umkreist und schließlich abtrollt. Hier möchte ich noch jüngere Weidgenossen auf eine specielle Eigentümlichkeit des Rehbockes aufmerksam machen, die man zwar auch beim Hirsch, speciell beim Feisthirsch, aber doch nie in so ausgesprochener Weise beobachten kann. Man birscht einen Rehbock an, hat aber im Augenblicke, wo man die Büchse heben will, das Malheur, daß unter dem Fuße ein dürres Ästchen knackt. Sofort wirft der Bock auf, äugt scharf herüber, nimmt zweifellos den in diesem Moment vielleicht gar nicht oder doch bloß mangelhaft gedeckten Jäger wahr, und nun darf sich kein Glied rühren, man muß wie eine Bildsäule mit gesenkten Augen in der zufälligen Stellung des Augenblicks verharren; dieselbe ist vielleicht unbequem, das hilft aber nichts, das geringste Senken des Armes, das geringste Anziehen des Fußes oder langsames Vorbeugen des Körpers klärt den Bock sofort über die drohende Gefahr auf. So vergeht etwa eine Minute, die zur Ewigkeit wird, endlich merkt man, vorsichtig die Augenlider hebend, daß der Bock wieder äst; halb abgewendet, Gott sei Dank, denkt der minder Erfahrene, will vorsichtig die Büchse heben, bei der ersten Bewegung jedoch, so langsam und bedächtig sie war, ist der Bock beim Teufel! Er war eben noch nicht beruhigt und hat bloß zum Schein geäst. Der gewiegte Birschjäger läßt sich dadurch nicht auf den Leim führen, er bleibt auch jetzt noch stehen wie ein steinerner Götze, und nun vollzieht sich jedesmal derselbe Vorgang, der mir selbst ungezählte Male vorgekommen ist. Nach langem, scharfem Herüberäugen senkt der Bock das Haupt, als ob er äste, alle Sehnen aber bleiben gespannt und plötzlich wirft er wieder auf, abermals scharf heräugend und weidend. Nun senkt er das Haupt wohl wieder, immer aber nur zum Schein, und wiederholt das Manöver noch ein- oder zweimal, bis er endlich wirklich, vollkommen beruhigt, zu äsen beginnt, was der geübte Blick daran erkennt, daß die bisher im ganzen Körper ausgeprägte, fluchtfertige Spannung nachläßt, die Formen sozusagen erschlaffen. Steht der Bock derart, daß er mir nicht im nächsten Augenblick verschwinden kann, und war mir selbst die Stellung sehr unbequem, in der ich unfreiwillig so lange verbleiben mußte, dann verändere ich dieselbe erst in entsprechender Weise und warte mit dem Schuß noch einige Zeit, bis sozusagen der ganze Körper, dessen Nerven durch die gezwungene Haltung abgespannt waren, wieder ins Gleichgewicht gekommen ist; erst dann lasse ich die Büchse sprechen. Ich kann diese Vorsicht nicht genug empfehlen, man erspart sich mit ihr manchen unnützen Fehlschuß, den man sich gar nicht erklären kann und der eben nur durch die momentane Nervenabspannung herbeigeführt wurde.

Kommt man bei der Birsch zufällig an Ricken oder an einen geringen Bock, den man nicht schießen will, und hat einen das Wild nicht bloß eräugt, sondern auch als Menschen erkannt, so bleibt nichts übrig, als in möglichst ungezwungener Haltung, achtlos, mit den Armen schlenkernd, eventuell eine Melodie vor sich herträllernd, im Bogen vorbeizugehen. Wenn man, ohne beim Anblick des Wildes plötzlich zusammenzuschrecken und erst einen Augenblick unschlüssig innezuhalten, sofort zu der erwähnten Aktion übergeht, so läßt sich das Wild meist gar nicht aus seiner Ruhe bringen, begnügt sich damit, eine Zeit lang nach dem Störenfried zu äugen und äst dann weiter; im ungünstigsten Falle geht es trollend oder flüchtig ab, ohne zu schrecken. Macht man dagegen, was der Unerfahrene fast immer thun wird, in der Hoffnung, daß es hierzu doch noch nicht zu spät sei, den Versuch, schleichend bei dem Wilde vorbeizukommen, oder stehen bleibend, abzuwarten, bis sich das Wild wieder vollkommen beruhigt hat, so beginnt es unverzüglich zu schrecken und verdirbt damit die Birsch im ganzen Umkreise; insbesondere gilt dies von alten Geltrehen, die sich in einem solchen Falle oft eine halbe Stunde lang nicht wieder beruhigen können und beständig schreckend das halbe Revier durchziehen. Passiert einem dieses Malheur doch einmal, so ist es am besten, jeden weiteren Birschversuch an diesem

II. Das Verhalten des Schützen auf der Jagd.

Tage oder wenigstens für ein oder zwei Stunden aufzugeben, da man, ohne nur halbwegs mit Sicherheit auf einen Erfolg rechnen zu können, nur unnütz noch weitere Stücke vergrämt.

Wenn man nicht an Schlag= und Wiesenrändern entlang, sondern, speciell ganz alten Herren zuliebe, in geschlossenem Bestande birscht, so läßt es sich oft bei aller Vorsicht nicht umgehen, daß das charakteristische graue Gesicht des Kapitalen plötzlich irgendwo in schlechtem Wind auf= taucht. In diesem Falle wäre das früher geschilderte regungslose Stehen= bleiben und Abwarten ganz falsch, das einzige Auskunftsmittel bietet das eben besprochene achtlose, laute Weitergehen. Immer führt dies freilich nicht zum Ziele, mitunter kommt es aber doch vor, daß sich der Bock vorläufig mit scharfer Beobachtung begnügt. Man geht nun ruhig fort, bis man sich durch einen Seitenblick überzeugt, daß das Blatt frei ist, hebt nun im Gehen langsam die Büchse bis zur Schulter, bleibt stehen und muß nun freilich den Schuß sehr schnell abgeben. Diese Aktion ist nicht ganz so leicht, als sie der flüchtigen Schilderung nach aussieht, gut durchgeführt gewährt sie indes auch in anscheinend schon ganz verzweifelten Fällen doch noch mitunter ein günstiges Resultat.

Bemerkt man irgendwo rechtzeitig, d. h. ohne selbst bereits er= äugt zu sein, eine Ricke mit Kitzen, so thut man am besten, dieser Stelle in großem Bogen auszuweichen, da hier ohnedies kein starker Bock zu erwarten ist. Nur in der Phantasie einiger Jagdmaler steht der Kapitalbock im Mai und Juni oft bei seiner Familie, im Revier nie!

Die aus vorstehenden Betrachtungen hervorgehenden Grundregeln der Birsch gelten der Hauptsache nach auch für Rot= und Damwild, nur mit dem Unterschiede, daß die Birsch auf den Rothirsch erst mit der Feistzeit (etwa Mitte August) beginnt und sich vorzugsweise auf die Brunft (Ende September bis Oktober), jene auf Kahlwild auf den Spätherbst, jene auf Damwild gleichfalls auf den Oktober und November beschränkt. Näher auf diese Jagden einzugehen, erlaubt uns der Rahmen dieses Buches nicht; eine kurze Anleitung erscheint zwecklos, eine aus= führliche aber würde einen starken Band füllen und doch immer noch lückenhaft bleiben. Unbedingt soll der Birsch auf Rotwild mehrfacher Ansitz vorangehen, und ehe man dann allein zu birschen anfängt, em= pfiehlt es sich, dies erst in Gemeinschaft mit einem erfahrenen Jäger zu thun; nur so kann man relativ rasch und gut auch die hohe Schule des Weidwerks — denn dies ist die Birsch auf Hochwild — absolvieren.

Zu den unerläßlichen Pflichten jedes Jägers, der das Glück hat auf hohes edles Wild birschen zu können, gehört genaues Vertrautsein mit dessen Schußzeichen und mit der bei aller Vorsicht ja nicht immer vermeidlichen Nachsuche. Beide mögen uns daher hier noch kurz beschäftigen, und zwar wählen wir abermals den Rehbock als Beobachtungsobjekt; für anderes Hochwild gelten mit geringen Ausnahmen die gleichen Regeln.

Die Zeichen, welche das Wild nach dem Schusse, dessen Qualität verratend, dem Jäger giebt, sind doppelter Art; sie bestehen, wenn das Stück nicht im Feuer bleibt, in dessen Verhalten während der Schußabgabe und bei der folgenden Flucht, sowie in den Anzeichen, die sich sozusagen greifbar auf dem Anschusse selbst vorfinden, also Schnitthaare, Schweiß und Ausriß. Diese vier Momente zusammen genommen sagen dem kundigen und erfahrenen Blick unzweifelhaft, wo die Kugel sitzt. Je nach der Form des Geschosses, seinem Durchmesser im Verhältnis zur Länge und endlich je nach der Kraft des Treibmittels ist die Wirkung auf Wild selbstverständlich sehr verschieden. Schußzeichen an sich bleiben jedoch ziemlich dieselben, und deren kurze Charakteristik, die ich hier folgen lasse, wird daher, wenn auch nicht immer, so doch in der Regel zutreffen; verschieden, je nach dem Geschosse, sind nur die Entfernung, die das Stück noch nach dem Schusse zurücklegt, und die Frist, innerhalb welcher es bei nicht rasch zum Verenden führenden Schüssen so krank wird, daß man zu erfolgreicher Nachsuche schreiten darf. Ich gebe diese Frist hier im Mittel an, bei sehr gut wirkenden Geschossen kürzt sie sich ab, bei schlechteren verlängert sie sich.

Den Ausriß übergehe ich hier, er ist in den seltensten Fällen maßgebend, und zum mindesten läßt es sich nicht gut beschreiben, wie und inwieweit man aus ihm auf den Sitz der Kugel schließen darf. Dies gilt auch vom Schnitthaar; die ausführlichsten Erläuterungen bleiben unklar, wogegen sich ein Anfänger durch sorgfältige Betrachtung geschossener Stücke und diesfällige, im Vereine mit einem Kameraden vorgenommenen Selbstprüfungen sehr bald die für einen gerechten Jäger unerläßliche Übung im Ansprechen des Haares verschaffen kann. Ganz allgemein will ich hier nur bemerken, daß sehr kurzes Schnitthaar

II. Das Verhalten des Schützen auf der Jagd.

(Läufe) ein ebenso bedenkliches Birschzeichen bildet, wie sehr langes (schlechter Hals- oder Keulenschuß, Streifschuß); auch weißes, bezw. gelbes Haar ist am Anschuß wenig erfreulich.

Namentlich der noch nicht vollkommen sichere Anfänger soll es sich unverbrüchlich zur Regel machen, auf den Rehbock auch bei sehr gutem Büchsenlicht nicht weiter als auf 90—100 Schritte und, wenn irgend möglich, immer nur dann zu schießen, wenn der Bock ganz breit steht. Schrägschüsse jeder Art, namentlich solche von vorn, soll sich nur ein ganz sicherer Schütze gestatten; Spitzschüsse aber, ganz nahe Distanzen abgerechnet, soll niemand riskieren, sie führen auch bei einem firmen Schützen leicht zu Laufschüssen, und ein lauflahmer Bock kostet in der Regel enorm viel Zeit und Mühe.

Wenn irgend thunlich, soll, solange man birscht, an einem bestimmten Punkte des Reviers ein Gehilfe mit einem sicher auf Schweiß arbeitenden Hunde bereit stehen, damit man den letzteren gegebenen Falles unverzüglich zur Hand hat; hierdurch bekommt man manches Stück sehr rasch zur Strecke, welches, wenn man die Nachsuche erst nach ein paar Stunden oder gar erst am folgenden Tage beginnen könnte, die dreifache Mühe kosten, ja oft gänzlich verloren gehen würde. Insbesondere bei der Abendbirsch soll der Hund niemals fehlen, da man nicht leicht vor Einbruch der Dunkelheit wieder zur Stelle sein kann, wenn man ihn nach dem Schusse erst vom Hause holen soll. Einen Schweißhund hat man in Rehrevieren selten zur Verfügung, doch genügt für Rehwild ein mit Sorgfalt und Sachkenntnis auf Schweiß gearbeiteter Vorstehhund, der gegebenen Falles totverbellt, oder wenigstens verweist, vollkommen, zur Not auch ein fleißig am Riemen gearbeiteter Dachshund. Ein mit den genannten Eigenschaften ausgestatteter Vorstehhund, der nicht bloß am Riemen brauchbar erscheint, sondern auch sicher verlorensucht, ist für ein Rehrevier geradezu unschätzbar, da man mit ihm z. B. leicht und sicher eines spät am Abend weidwund geschossenen Stückes habhaft wird, dessen Okkupation sich namentlich dann, wenn es in der Nacht stark regnet, ohne einen solchen Bundesgenossen ungemein schwierig gestaltet. Hat man ihn zur Verfügung, so empfiehlt es sich, überhaupt jedes am Abend krankgeschossene Stück, wenn nicht ein Hohl-, schlechter Hals- oder Laufschuß oder endlich ein sicherer Lungenschuß unzweifelhaft nachgewiesen ist, bis zum nächsten Morgen ruhen zu lassen.

Pflicht ist und bleibt es in jedem Falle, auch wenn man noch so revier=
kundig ist, den Anschuß sofort weidmännisch zu verbrechen, d. h. den
Wechsel, den das Wild genommen hat, dadurch zu kennzeichnen, daß
man in seine Fährte frisch abgebrochene Zweige, mit dem Bruchteile
nach der Fluchtrichtung sehend, einlegt.

Betrachten wir nun kurz die Wirkungen der Schüsse auf die
einzelnen Körperteile und anschließend jene Maßnahmen, die der Jäger
in jedem einzelnen Falle zu treffen hat.

Den Kopfschuß erwähne ich bloß der Vollständigkeit wegen, er
kann einem halbwegs ruhigen Kugelschützen nicht leicht zufällig passieren
und antragen wird ihn höchstens ein Aasjäger schlimmster Sorte. Bei
einem Gehirnschuß verendet das Stück ja allerdings im Feuer, wird
das Gehirn dagegen nicht berührt, so bricht das Wild wohl auch zu=
sammen, wird aber sofort wieder hoch, ist kaum je zu Stande zu bringen
und verfällt oft einem qualvollen Hungertode.

Halsschüsse können auch dem vorsichtigen Schützen ab und zu
vorkommen; in ihrer Wirkung sind sie sehr verschieden, absolut tödlich
sind nur Halswirbel=, Luftröhren= und Schlagaderschüsse. In ersterem
Falle verendet das Stück im Feuer, beim Luftröhrenschuß geschieht meist
dasselbe, nur ausnahmsweise geht das Stück in tollster Flucht noch eine
Strecke weit fort, um dann plötzlich, wie vom Blitz getroffen, zusammen=
zubrechen. Beim Schlagaderschuß fährt das Stück heftig zusammen,
geht unter enormem Schweißverlust sehr flüchtig ab, verlangsamt seine
Gangart jedoch bald, bleibt stehen, taumelt und bricht verendend zu=
sammen. Reine Wildbretschüsse durch den Hals, welche keinen der er=
wähnten drei Teile verletzen, sind nicht absolut tödlich; meist bricht das
Stück im Feuer zusammen, wird aber gleich wieder hoch, geht flüchtig
mit starkem Schweißverlust ab und thut sich oft erst weit vom Anschuß
nieder; Schüsse, welche die Halswirbel streifen, wirken genau so wie
die später zu besprechenden Hohl= und Krellschüsse. Bei korrektem Vor=
gehen braucht ein durch den Hals geschossener Bock niemals verloren
zu gehen. Ist durch das Schnitthaar, den massenhaften hellen Schweiß
und das Verhalten des Stückes ein Halsschuß sicher nachgewiesen, so
empfehle ich, sofort auf der sehr leicht zu haltenden Rotfährte 100 Schritte
weit nachzugehen; hat man auf dieser Strecke das Stück nicht gefunden,
so deutet dies auf einen reinen Wildbretschuß, und es ist gut, einige

Stunden vergehen zu lassen, ehe man weiter nacharbeitet, damit das Stück erst durch weiteren Schweißverlust geschwächt werde. Liegt dagegen wenig Schweiß in der Fährte, so handelt es sich um einen Krellschuß; man hat dann die Wahl, das Stück, welches sich bestimmt wieder ausheilt, entweder aufzugeben oder sofort einen scharfen Hund nachzuhetzen, der es niederzieht, was aber im Hinblick auf die Störung im Reviere nur ausnahmsweise geschehen sollte.

Blattschüsse werden von vielen Jägern in der Regel als ein Ideal hingestellt, doch gebührt ihnen dieser Rang nur in beschränktem Rahmen. Der sogenannte Hochblattschuß, welcher die Nervencentren durchschlägt, die Wirbelsäule und durch den Luftdruck auch oft die Herzthätigkeit lähmt, bewirkt blitzartig schnelles Zusammenbrechen und sofortiges Verenden; dieser Punkt aber ist klein, etwas hinter und über ihm liegt die Stelle des Hohlschusses, und es ist daher für jeden Schützen unter halbwegs schwierigen Verhältnissen stets eine gewagte Sache, den Hochblattschuß absichtlich anzutragen. Ich ziehe entschieden den Schuß hinter das Blatt vor, er durchschlägt die Lunge, bei kleinen seitlichen Abweichungen die Leber oder Milz, ist also viel sicherer und leichter, da das Ziel ein ungleich größeres ist. Der mittlere Blattschuß durchschlägt die Herzkammer und ist selbstverständlich tödlich, doch liegt das Stück nur bei sehr guten Kugeln immer im Feuer; andernfalls macht das Stück eine hohe Flucht, fährt eine Strecke weit mit dem Geäse auf dem Boden hin, flüchtet taumelnd noch, je nach der Art der Verletzung, 30—80 Schritte und bricht dann verendend zusammen. Bei tieferen Blattschüssen ist die Wirkung sehr verschieden, im allgemeinen kann man sie nicht als gut bezeichnen. Der Tiefblattschuß bringt den Bock nur in dem Falle zu sofortigem Zusammenbrechen, wenn das Geschoß beide Blätter oder beide oberen Laufknochen zerschmettert, was jedoch nur bei guten Geschossen und nur dann möglich ist, wenn das Stück vollkommen breit stand. Schlechtere Geschosse deformieren schon auf dem ersten Blatt- oder Laufknochen so stark, daß sie den zweiten nicht mehr zu durchschlagen vermögen; in diesem Falle zeichnet das Stück mit hoher Flucht, geht dann, den betreffenden Vorderlauf schonend, ab, bleibt jedoch öfter stehen und thut sich nicht allzuweit vom Anschuß nieder, worauf es nach zwei bis drei Stunden verendet. Sitzt aber der Schuß in gleicher Linie sehr tief, so wirkt er nicht viel besser als ein hoher Laufschuß und meist heilt sich das Stück nach längerem Kümmern wieder aus; letzteres gilt auch von sehr tiefen Blattschüssen, die keinen Lauf gefaßt haben. — Wenn also ein Bock im Schuß eine hohe Flucht macht und mit dem Geäse auf den Boden fährt, so darf man sofort nachgehen, er liegt nicht allzuweit verendet; fehlt dagegen letzteres Zeichen oder war es doch nicht ganz deutlich ausgesprochen, so sitzt die Kugel unter dem Herzen, in welchem Falle unbedingt einige Stunden Ruhe erforderlich sind. Zeichnet der Bock mit hoher Flucht und schonendem Lauf, so muß man noch länger warten und wird nur dann mit Sicherheit auf erfolgreiche Nachsuche rechnen dürfen, wenn der Hund sehr scharf ist und niederzieht. Hat man keinen solchen Hund zur Verfügung, und weiß man, daß sich das Stück in einer bestimmten Dickung niedergethan hat, so ist es gut, ehe man auf der Fährte nacharbeitet, die Wechsel womöglich mit Schützen zu besetzen, da das angeregte Stück bei sehr tiefem Blattschuß oft weit fortwechselt, ehe es sich wieder niederthut, und hierbei nunmehr wenig schweißt. Unbedingt ist bei allen tiefen Blattschüssen ganz besondere Vorsicht notwendig.

Lungenschüsse wirken gut und sicher, überdies geben sie reichlichen, schaumigen Schweiß. Bei hohen Lungenschüssen liegt der Bock meist im Feuer. Bei mittleren Lungenschüssen fährt er im Moment, wo er die Kugel erhält, sehr heftig zusammen, schlägt sozusagen mit den Hinterläufen aus, geht dann in rasender Flucht, fast immer in gerader Linie und kleinerer Hindernisse nicht achtend, fort, bis er, vom Lungenschlag ereilt, plötzlich zusammenbricht. Bei tiefen und stark seitlichen Lungenschüssen zeichnet der Bock ähnlich, hält aber in seiner Flucht öfter inne, hustet, thut sich bald, meist kaum 100 Schritte weit, nieder und verendet schon innerhalb einer Viertelstunde. Längeres Krankwerdenlassen ist also bei Lungenschüssen nicht nötig, eine halbe Stunde genügt vollauf.

Leber- und Milzschüsse kommen rein, d. h. ohne Verletzung anderer Organe, selten vor, sind aber unbedingt tödlich und liefern viel braunroten Schweiß, in dem meist kleine Leberstückchen liegen. Selten geht das Stück weiter als 100 Schritte, thut sich dann nieder und verendet infolge des rasch eintretenden, sehr heftigen Wundfiebers binnen kurzer Zeit. Immerhin empfiehlt es sich aber, mit der Nachsuche etwa zwei Stunden zu warten.

Der reine Nierenschuß, infolge des meist sehr spärlichen Schweißes auch für ein erfahrenes Auge nicht immer sicher anzusprechen, wirkt in ganz ähnlicher Weise; das Verenden tritt etwas später ein, doch thut sich das Stück infolge des intensiven Schmerzes oft in ganz kurzer Entfernung vom Anschuß nieder.

Weidwundschüsse sind zwar unbedingt tödlich, doch äußert sich gerade bei ihnen die Wirkung je nach der Qualität des Geschosses in sehr verschiedener Weise. Wird der Wanst durchschossen, so zeichnet das Stück ähnlich wie beim Lungenschuß durch Ausschlagen mit den Hinterläufen und hauptsächlich als ganz charakteristisches Merkmal dadurch, daß es auffällig den Rücken krümmt. Es geht wohl auch flüchtig ab, doch sind seine Fluchten viel kürzer, die Gangart wird bald langsamer, bis sie in Schritt verfällt, das Stück bleibt öfter, immer wieder mit gekrümmtem Rücken, stehen und thut sich schließlich nieder. Auch bei der besten Kugel braucht ein bloß durch den Wanst geschossenes Stück ziemlich lange Zeit, unter allen Umständen wenigstens zwei Stunden, ehe es so krank wird, daß es nicht wieder hoch zu werden vermag; bei schlechteren Kugeln und insbesondere dann, wenn dieselben sehr tief sitzen, genügt die angeführte Zeit jedoch nicht, denn es kommt vor, daß solche Stücke noch nach 24 Stunden leben. Viel günstiger ist der Schuß durch das kleine Gescheide, vorausgesetzt natürlich, daß die Kugel dasselbe zerreißt und nicht etwa glatt durchfährt, was bei schlecht konstruierten Geschossen geschehen kann. Das Stück zeichnet ebenso, jedoch viel heftiger und ausgesprochener als beim Wanstschuß, geht nie so weit und verendet infolge des hochgradigen Wundfiebers viel früher. Da jedoch dieser Schuß vom Wanstschuß schwer unterscheidbar ist, empfiehlt es sich, jedes weidwund geschossene Stück so lange krank werden zu lassen, als es die Verhältnisse nur irgend gestatten. Man soll diese Regel selbst dann unentwegt festhalten, wenn es heftig regnet, die Rotfährte also nach ein oder zwei Stunden bereits gänzlich verloren ist. Man lasse in diesem Falle, wenn man nachmittags oder abends geschossen, ruhig die Nacht, und wenn das Stück früh angeschweißt wurde, wenigstens die Zeit bis zum Nachmittag verstreichen; bei voller Ruhe geht kein weidwundes Stück, selbst wenn die Kugel sehr schlecht sitzt, weiter als ein paar 100 Schritte und ist daher mit einem verlorensuchenden Vorstehhunde oder auch ohne einen solchen durch ein paar verläßliche Leute jederzeit relativ leicht zur Strecke zu bringen; wird dagegen ein weidwundes Stück zu früh gesprengt, ehe es erkrankt ist, so wird die Nachsuche, da das Wild dann meist sehr weit geht, zum mindesten sehr erschwert, wenn nicht ganz erfolglos gemacht.

Rückgratschüsse lassen den Bock, wenn die Wirbelsäule gebrochen ist, natürlich im Feuer zusammenbrechen; werden jedoch die Wirbel bloß gestreift (Krellschuß) oder aber bloß die Federn, d. h. die oben am Rückgrat angesetzten kleineren Knochen, getroffen (Federschuß), so ist der Bock für wenige Sekunden betäubt, bricht im Feuer zusammen, wird aber sofort wieder hoch und ist nicht auszumachen.

Von den Hohlschüssen, welche unter dem Rückgrat durchfahren, ohne einen edlen Teil zu verletzen, gilt dasselbe; sie lähmen bloß für den Augenblick; das Stück, im Feuer zusammenbrechend, wird gleich wieder hoch, geht wohl, anfangs stark schweißend, ein paar Schritte taumelnd, dann aber flüchtig ab und ist verloren, wenn es nicht ein sofort nachgesetzter Hund niederzieht oder man noch eine zweite Kugel anbringen kann.

Keulenschüsse sind nur dann tödlich, wenn der Wirbelknochen durch= schossen wird, in welchem Falle das Stück auch in der Regel im Feuer bleibt oder doch nicht weit geht und rasch verendet. Sonst ist, wenn nicht etwa beide Keulenknochen zerschmettert werden, der Keulenschuß sehr fatal; jedenfalls ist es am sichersten, sofort einen scharfen Hund nachzuhetzen, was sich auch bei allen Laufschüssen empfiehlt. Bekommt man einen laufflahm geschossenen Bock auf diese Weise nicht gleich, so können unter Umständen Wochen vergehen, ehe man seiner einmal durch einen Glückszufall habhaft wird.

Wie bereits eingangs erwähnt, würde sich eine in jedem Falle zutreffende Erläuterung der Schußwirkung und hieraus hervorgehend eine unzweifelhaft sichere, stets ihre Aufgabe erfüllende Anleitung zur Nachsuche kranker Rehböcke nur für ein bestimmtes Büchsensystem geben lassen, und auch da wäre dann noch der Umstand in Betracht zu ziehen, ob es sich in einer ungünstigen Lage um einen Bock handelt, der auf= gebrochen 13—16 kg wiegt, oder aber in einer vorzüglichen Lage um einen solchen von 24—30 kg. Immerhin kann jedoch der Anfänger den vorstehenden Erörterungen wenigstens die wichtigsten Momente ent=

II. Das Verhalten des Schützen auf der Jagd.

nehmen; alles weitere muß ihn, wie dies ja bei der Jagd überhaupt der Fall ist, nach und nach die Erfahrung lehren.

Mögen die jüngeren Weidgenossen, welche diese Zeilen lesen, vor allem die nochmals wiederholte Grundregel beherzigen, auf edles Wild niemals riskiert zu schießen, dann die zweite Grundregel, wenn irgend möglich einen zur Nachsuche brauchbaren Hund zur Verfügung zu haben, und endlich die dritte Grundregel, niemals hitzig, sondern bedacht, nach sorgsamer Untersuchung des Anschusses und unter genauer Erwägung aller Nebenumstände zur Nachsuche zu schreiten. Dann werden auch die nach und nach gesammelten Erfahrungen nur angenehme sein.

8. Balzjagden.

Die Jagd auf den Auerhahn und Birkhahn in der Balzzeit gehört mit zu den höchsten weidmännischen Genüssen, stellt aber auch, besonders günstige Gegenden abgerechnet, ziemlich hohe, oft sehr hohe Anforderungen an den ausübenden Jäger.

Der Jagd auf den Auerhahn muß, wenn man nicht manchen Morgen vergebens um zwei Uhr aufstehen will, das Verhören vorausgehen, d. h. man muß sich am Abend an einem geeigneten, weite Aussicht bietenden Punkte aufstellen und beobachten, wo Hähne einfallen. Dort, wo sich ein Hahn abends eingeschwungen, balzt er auch mit seltenen Ausnahmen am nächsten Morgen, vorausgesetzt, daß er nicht gestört wurde.

Kaum zeigt sich der erste lichte Streifen im Osten, so stimmt der mächtige Vogel, dem man vorläufig nicht näherrücken darf als auf etwa 300 Schritte, meist im Gipfel eines alten, einzelstehenden Baumes, seltener auf der Erde stehend, sein eigentümliches Liebeslied an; es klingt so schwach und zart, daß man es viel eher einem Singvogel zutrauen möchte. Die erste Strophe bildet das Knappen, ein leises Klipp-klapp, das beiläufig so klingt, wie wenn man zwei dürre, entrindete Stöcke von hartem Holz aneinanderschlägt. Anfangs stößt der Hahn diese Töne in längeren Pausen aus, nach und nach verkürzen sich jedoch die Zwischenräume, das Tempo wird rascher, hastiger, die Laute verschmelzen in einen Triller und nun folgt der Hauptschlag, ein einzelner voller, klatschender Ton, dem Entkorken einer festgestöpselten Flasche ähnlich. Hieran schließt sich zwei bis drei Sekunden lang das Schleifen, ein eigentümliches, halb zischendes, halb an Sensenwetzen mahnendes Geräusch, mit dem die Balzarie abschließt, welche jedoch je nach der Hitze des Hahnes öfter wiederholt wird. Während des Schleifens ist der Hahn taub, da infolge seiner eigenartigen Anatomie die geblähte Luftröhre den Gehörgang zusammenpreßt; vollkommen blind, wie man oft annimmt, wird er dagegen niemals, wenn er auch im gleichen Augenblick viel von seiner Aufmerksamkeit verliert, während er bei den übrigen Partieen seines Balzliedes die größte Vorsicht walten läßt und eben so scharf äugt, als er das leiseste fremdartige Geräusch vernimmt. Es bleiben dem Jäger also zur Annäherung bloß die wenigen Sekunden während des Schleifens, die mit ein paar weiten Sprüngen ausgefüllt werden; sobald der Hahn schweigt, muß auch der Jäger wie eine Bildsäule stehen, bis, mitunter erst nach längerer Zeit, ein neuerlicher Hauptschlag die Möglichkeit zu weiterer Annäherung bietet und ihn endlich nur mehr die günstige Schußdistanz von dem edlen Wilde trennt. Es empfiehlt sich nun, abermals einen Hauptschlag abzuwarten und den Schuß unmittelbar nach demselben abzugeben, vorausgesetzt, daß man den Hahn deutlich sieht, was namentlich dann, wenn er im Gipfel einer alten Tanne steht, nicht immer der Fall ist. Oft erscheint der Hahn nach der Richtung hin, von wo man ansprang, vollständig gedeckt, so daß nichts übrig bleibt, als das nächste Schleifen dazu zu benutzen, daß man auf die andere Seite des Balzbaumes zu kommen trachtet. Reitet der Hahn ab, so ist nichts zu machen, da der Schuß auf einen in der Dämmerung abstreichenden Auerhahn mit Recht als unweidmännisch verpönt ist.

Vom Birkhahn sagt ein altes Sprichwort nicht mit Unrecht, er habe auf jeder Feder ein Auge und auf jedem Kiel ein Ohr, er bietet daher dem Jäger auch in vollster Balz nie jene Vorteile, wie sein gewaltiger Vetter. Nur dort, wo es sehr viel Birkwild giebt, gestaltet sich die Balzjagd leichter, da der Birkhahn zu seiner Balz ganz bestimmte Plätze wählt und man an solchen in einem vorher unauffällig und versteckt errichteten Schirm ruhig abwarten kann, bis sich das Wild schußmäßig nähert. Wo der Birkwildstand ein geringer ist, läßt sich mit bloßem Ansitz im Schirm bisweilen nichts ausrichten, hat man Pech, so könnte unter Umständen die ganze Balz verstreichen, ohne daß man je Gelegenheit gefunden hätte, einen wirksamen Schuß anzubringen. Da kann man sich dann nur mit zwei Mitteln helfen, die nur selten den Dienst versagen, freilich aber meisterhaft angewendet sein wollen. Das erste ist das Anreizen, die Nachahmung des Schleifens, d. h. jenes zischenden Lautes, welcher dem Kollern folgt. Einen Rivalen vermutend, läuft oder streicht der edle Vogel auf diese Herausforderung in der Regel sofort an und kann dann relativ leicht erlegt werden. Bemerkt freilich der Hahn den Jäger vorzeitig, so ist er verreizt, d. h. er beachtet das Reizen späterhin nicht mehr und in diesem Falle bleibt bloß das zweite Hilfsmittel übrig, das Anschleichen oder, richtiger gesagt, Ankriechen. Unter 100 Jägern findet sich stets bloß etwa einer, der hierbei auf Erfolg rechnen kann, denn es ist dies eines der schwierigsten weidmännischen Kunststücke. Seltene Ausnahmen abgerechnet, ist der Birkhahn viel zu scheu und vorsichtig, um in koupiertem, die freie Aussicht hemmendem Terrain zu balzen, er wählt zu seinen Liebesergüssen stets große, mehr oder weniger kahle, ebene Flächen, und selbst im höchsten Paraxismus verliert er seine Aufmerksamkeit für jeden fremdartigen Gegenstand oder Laut niemals. An sich ist das Kriechen in der betauten Heide oder in hohem Riedgras kein Genuß, dazu aber tritt als weitere Unterhaltung noch die Notwendigkeit, oft plötzlich, in der unbequemsten Stellung, mit schmerzenden Gliedern mehrere Minuten lang regungslos verharren zu müssen, bis sich der vielleicht aufmerksam gewordene Hahn wieder ganz beruhigt hat. Mitunter hat man sich eine Stunde lang gemüht, im letzten Moment mißlingt die Aktion doch durch irgend einen Zufall, und nun bilden triefnasse Kleider den ganzen Effekt der eigenartigen Morgenpromenade. Das muß man ruhig in den Kauf nehmen und sich damit trösten, was schon der biedere Hans Sachs vor mehr als 300 Jahren gesungen hat; insbesondere junge Jäger mögen sich für alle betreffenden Gelegenheiten, um nie die gute Laune zu verlieren, den Vers einprägen:

„Drum sagt eins alten Sprüchworts sag:
Es sey wol alle tag jag=tag,
Fach=tag aber nit allwegen!"

9. Waſſer- und Sumpfjagden.

Die Jagd auf Waſſer- und Sumpfwild iſt ſo vielgeſtaltig und hängt ſo ſehr von den lokalen Verhältniſſen ab, daß es nicht gut möglich erſcheint, diesfalls allgemeine Ratſchläge zu erteilen, weshalb hier nur kurz die wichtigſten Methoden und zwar ſpeciell jene auf Wildenten und Sumpfſchnepfen behandelt werden ſollen.

In Gegenden, wo viele Enten hecken, insbeſondere auf an den Rändern ſchilfbewachſenen Teichen und Seen, werden, ſobald die jungen Enten knapp flugbar geworden ſind (Ende Juni, Anfang Juli), oft regelrechte Treibjagden auf dieſe mit mehreren Schützen vorgenommen, welch letztere entweder auf dem feſten Lande am Ausgange eigens durch das Schilf gehauener, etwa 3 m breiter Lieten (Schneiſen) oder auch auf Kähnen poſtiert werden, während einige Leute das Schilf unter Zuhilfenahme gut ſtöbernder Hunde durchtreiben. Bei dieſer Jagd iſt ganz beſondere Vorſicht geboten, da Schilf und Rohr wohl die Ausſicht beſchränken, aber die Schrote nicht abhalten und letztere überdies vom Waſſer ganz unberechenbar abgellen. Genaue Verſtändigung der Schützen untereinander iſt daher unerläßlich und niedrig ſtreichende Enten, wenn dieſelben nicht in einer ganz ungefährlichen Richtung ziehen, ſollen ſtets unbeſchoſſen bleiben.

Die vor ihm liegende Blänke oder Liete muß der Schütze genau im Auge behalten, namentlich aber die nach den Treibern zu gelegene Schilfwand und wenn die Treiber vorbei ſind, die hinter ihnen liegende. Die meiſten Enten kommen rudernd an, merkt man daher an einer ſchwankenden Bewegung des Rohres das Nahen von ſolchen, ſo empfiehlt es ſich, ſofort anzuſchlagen, ſchießen darf man aber natürlich nicht früher, bevor man die Enten nicht ſieht, denn durch hitziges Hinſchießen nach dem Punkt, wo man Enten vermutet, könnte man zum mindeſten oft einen ſchwimmenden Hund verletzen, wenn nicht noch ärgeres Unglück anrichten. Das Anſchlagen vor Erſcheinen der Enten iſt deshalb notwendig, weil die alte Ente den jungen ſtets voraus iſt, erſt nur den Kopf aus dem Schilf ſteckt und bei der geringſten auffälligen Bewegung die gefährliche Stelle tauchend paſſiert, während die Jungen zurückbleiben. Das Wegſchießen der alten Ente iſt nicht ratſam; nur dann ſoll man ſie nicht ſchonen, wenn fließende Gewäſſer mit dem abzujagenden in Verbindung stehen, da die vorsichtige Mutter in diesem Falle ihre Jungen vorzeitig der Gefahr entführt. Junge Enten, bevor sie nicht nahezu die Flugbarkeit erreicht haben, sollen geschont werden, da ihr Wildbret ungenießbar ist. Flattert eine alte Stockente ängstlich schreiend auf, so ist dies ein Zeichen, daß ihre Jungen noch ganz schwach sind, weshalb eine solche unbedingt nicht geschossen werden soll.

In größeren Sümpfen ist natürlich eine Jagd dieser Art nicht durchführbar, es bleibt dort nur die Suche mit einem guten Hund übrig, welche einige Ähnlichkeit mit der Hühnerjagd hat, nur mit dem Unterschiede, daß man dabei oft bis zu den Hüften im Wasser waten muß. Vereinigen sich mehrere Schützen zu solcher Jagd, so ist es am besten, wenn sie mit Abständen von je etwa 50—60 Schritte streifen und zwischen je zwei Schützen noch ein Treiber geht; genaues Reihehalten und große Vorsicht beim Schießen ist insbesondere dann von nöten, wenn hohes Rohr, Weidengebüsch u. s. w. zeitweilig die Aussicht beschränken; es bleibt dann nichts übrig, als sich etwa alle zwei Minuten durch einen Pfiff mit den Nachbarschützen und Treibern zu verständigen. Unter Umständen bedient man sich zu solcher Jagd auch kleiner von einem Manne geleiteter Kähne.

Sobald die jungen Enten vollkommen ausgewachsen und flugbar geworden sind, läßt sich mit diesen Methoden nur noch dort etwas ausrichten, wo sich den Enten sehr gute Deckung bietet, andernfalls würden sie immer außer Schußweite aufstehen. Dagegen kann man bis zum Spätherbst und noch zu Beginne des Winters zeitig früh oft mehrere Stücke erlegen, wenn man vorsichtig die Ufer fließender Gewässer oder auch mit Schilf und Rohr bestandene Teich- und Seeufer abschleicht. Ist der Rohrgürtel breit, so muß man öfter, wenn man keinen stöbernden Vorstehhund mitführt, Erdschollen oder Steine in das Rohr werfen, um die Enten zum Aufstehen zu bringen. Auf größeren Wasserflächen gelingt mitunter vorsichtiges Anfahren in einem Kahn, der vorn gut mit Rohr oder Schilf verblendet ist, doch gehört hierzu ein sehr geübter Fährmann.

Den Ansitz auf Enten haben wir schon auf Seite 35 besprochen und ich füge hier nur noch einen kleinen Kunstgriff bei, der oft zu vorzüglichen Resultaten führt, insbesondere zur Reihzeit auf durchziehende

Enten. Man macht — in nicht allzutiefen Gewässern — einer erlegten Ente einen Kreuzschnitt vorn am Halsansatz und schiebt ihr ein Stöckchen oder einen dürren Rohrstengel von entsprechender Länge unter der Haut bis unter den Schnabel, worauf man diesen Stock so tief in den Grund bohrt, daß die Ente wie lebend mit normal gehaltenem Kopf auf dem Wasserspiegel schwimmt. Etwa 30 Schritte weit setzt man sich dann auf festem Land oder auf einem verblendeten Kahn, den man tief in eine Rohrwand geschoben, an. Namentlich in der Reihzeit erzielt man mit diesem Hilfsmittel mitunter reiche Strecken, und zwar nicht bloß am Morgen und Abend, sondern auch untertags, insbesondere dann, wenn ein geübter Mann das übrige Terrain im Kahne abfährt und die dort liegenden Enten zeitweise aufscheucht. Es giebt wohl auch künstliche, bemalte Enten aus Kautschuk oder Holz, doch leisten dieselben nie so gute Dienste wie natürliche, neben welchen sich andere Enten ohne jeden Verdacht niederlassen.

Zweiter Teil.

Einführung in die Jagdwissenschaft.

I. Allgemeine Übersicht.

Die Jagdwissenschaft im engeren Sinne, d. h. mit Ausschluß der Lehre vom praktischen Jagdbetriebe, zerfällt in die Disziplinen: **Jagdzoologie, Wildhege und Wildpflege, Kynologie, Waffenkunde, Jagdzeug- und Apparatenkunde, jagdliche Litteraturkunde und Weidmannsprache.**

Die **Jagdzoologie** umfaßt die Naturgeschichte aller derjenigen Säugetiere und Vögel, welche in das Bereich der Jagd fallen, entweder als eßbares Wild, oder als Feinde desselben und der Fischerei. Wir kommen im nächsten und übernächsten Abschnitt noch auf dieses Gebiet zurück.

Wildpflege und Wildhege, zwei speciell für den Jagdbesitzer und Berufsjäger wichtige Disziplinen, fußen auf der Jagdzoologie, d. h. auf der genauen Kenntnis der Lebensweise, der Bedürfnisse und der mittelbaren und unmittelbaren Feinde des Nutzwildes. Ihnen erwächst die Aufgabe, gute Wildstände in kräftiger Konstitution zu erhalten, ohne daß dadurch wirtschaftliche Nachteile in einem den Liebhaberwert der Jagd übersteigenden Ausmaaße entstehen. Futter- und Tierzuchtlehre, dann auch Physiologie und Patologie bilden Hilfswissenschaften der gründlichen Wildpflege.[1]

Die **Kynologie** ist die Lehre von den Rassen des Jagdhundes, ihrer Aufzucht, Pflege, Erziehung und Dressur für bestimmte Zweige der Jagd; ferner gehören die Prüfungsnormen sowie die Beurteilungsregeln bei Ausstellungen in ihren Bereich (vgl. den 4. Abschnitt dieses Teiles).

Die **Waffenkunde**, in die Waffentechnik, die Triebmittellehre und die Ballistik sowie das Prüfungswesen zerfallend, hat uns soweit für den Anfänger notwendig, bereits in den ersten Abschnitten beschäftigt.

---

[1] Vergleiche des Verfassers eben erschienenes Werk: „Die Wildpflege". Neudamm, Verlag von J. Neumann, 1896. (1 Mk. 20 Pfg.)

Die Jagdzeug- und Apparatenkunde, speciell für den Berufsjäger von Bedeutung, umfaßt die genaue Kenntnis und praktische Anwendung aller jener Vorrichtungen und Apparate, welche dazu bestimmt sind, Wild entweder für kurze Zeit in einem bestimmten Distrikt festzuhalten (Tücher, Lappen, Netze) oder es zu fangen (Netze, Dohnen, stabile Fangapparate, Fallen und Eisen.[1])

Die jagdliche Literaturkunde erstreckt sich auf alle diejenigen Werke, welche speciell der Jagd gewidmet sind oder doch im Zusammenhang mit ihr stehen, indem sie für dieselbe wichtige Hilfsdisziplinen behandeln. In den folgenden Abschnitten werden wir von Fall zu Fall die empfehlenswertesten Spezialwerke namhaft machen, die sich jeder Jäger nach und nach beschaffen sollte. Zur allgemeinen Übersicht sei ihm die von mir bearbeitete 6. Auflage von Trains „Weidmanns Praktika" (Leipzig, Verlag von Edgar Herfurth) empfohlen. Außerdem sollte jeder Jäger die klassischen Werke von D. a. d. Winkell („Handbuch für Jäger und Jagdliebhaber"), G. L. Hartig („Lehrbuch für Jäger") und C. E. Diezel („Erfahrungen aus dem Gebiete der Niederjagd") besitzen oder wenigstens kennen lernen. Ebenso sollte sich jeder Jäger wenigstens eine gute Jagdzeitung halten; wir empfehlen unter anderen besonders: „Wild und Hund", illustrierte Wochenschrift für Jagd und Hundezucht, Verlagsbuchhandlung Paul Parey, in Berlin (vierteljährlich 1,50 Mk.).

Die Weidmannssprache, d. h. die weidmännische Ausdrucksweise wird uns im letzten Abschnitt noch beschäftigen.

II. Einteilung der Wildarten und jagdzoologische Übersicht.

Jagdlich werden die Wildarten einerseits in nützliches und schädliches Haar- und Federwild, andererseits in die hohe und niedere Jagd eingeteilt.

Zum nützlichen Wilde gehören:
    A. Haarwild. Alle freilebenden Wiederkäuer, Wildschwein, Biber, Murmeltier, Feldhase, Alpenhase, Kaninchen.

---

[1]) Vergleiche E. v. d. Bosch: „Der Fang des einheimischen Raubzeuges". Berlin, Verlagsbuchhandlung Paul Parey. (7 Mk.)

II. Einteilung der Wildarten und jagdzoologische Übersicht. 71

B. Federwild. Alle freilebenden Hühnervögel, Tauben, Sumpf- und Wasservögel.

Zum schädlichen Wilde:

A. Haarwild. Alle Raubtiere, das Eichhörnchen.

B. Federwild. Alle Tagraubvögel, alle Nachtraubvögel, Kolkrabe, Krähen, Elster, Häher.

Zur hohen Jagd rechnet man alle Wiederkäuer, das Schwarzwild, Bär, Wolf, Luchs, Auerwild, Birkwild, Fasan, Trappen, Kraniche, Schwäne, Pelikane, Adler und Uhu.

Zur Niederjagd gehört alles übrige Wild.

Zoologisch ist die systematische Einteilung der Wildarten folgende.

1. Säugetiere.

Ordnung Paarzeher, Artiodactyla.

Familie Hirsche, Cervidae: Rothirsch, Cervus elaphus; Reh, Cervus capreolus; Elch, Alces palmatus; Damhirsch, Cervus dama; Ren, Tarandus rangifer;

Familie Hohlhörner, Cavicornia: Gemse, Capra rupicapra; Alpen-Steinbock, Capra ibex; Pyrenäen-Steinbock, Capra pyrenaica; Jouraziege, Capra Joura; Muflon, Ovis musimon; Saiga-Antilope, Antilope Saïga; Wisent, Bison europaeus.

Familie Schweine, Suidae: Wildschwein, Sus scrofa.

Ordnung Nagetiere, Glires.

Familie Biber, Castoridae: Europäischer Biber, Castor fiber.

Familie Hasen, Leporidae: Feldhasen, Lepus timidus; veränderlicher Hase, Lepus variabilis; Kaninchen, Lepus cuniculus.

Familie Hörnchen, Sciuridae: Eichhörnchen, Sciurus vulgaris.

Ordnung Raubtiere Carnivora.

Familie Bären, Ursidae: Brauner Bär, Ursus arctos.

Familie hundeartige Raubtiere, Canidae: Wolf, Canis lupus; Fuchs, Canis vulpes; Schakal, Canis aureus.

Familie katzenartige Raubtiere, Felidae: Luchs, Felis lynx; Wildkatze, Felis catus.

Familie marderartige Raubtiere, Mustelidae: Dachs, Meles taxus; Sumpfotter, Putorius lutreola; Iltis, Putorius foetidus; Tigeriltis, Putorius tigrinus; Hermelin, Putorius ermineus; Wiesel, Putorius vulgaris; Edelmarder, Mustela martes; Steinmarder, Mustela foïna; Fischotter, Lutra vulgaris.

Ordnung Flossenfüßler, Pinnipeda.

Familie Seehunde, Phocidae: Gemeiner Seehund, Phoca vitulina.

2. Vögel.

Ordnung Scharrvögel, Rasores.

Familie Rauhfußhühner, Tetraonidae: Auerhuhn, Tetrao urogallus; Birkhuhn, Tetrao tetrix (Kreuzung beider: Rackelhuhn, Tetrao medius); Haselhuhn, Tetrao bonasia; Alpenschneehuhn, Lagopus alpinus; Moorschneehuhn, Lagopus albus; Schottisches Schneehuhn, Lagopus scoticus.

Familie Fasanen, Phasianidae: Gemeiner Fasan, Phasianus colchicus.

Familie Feldhühner, Perdicidae: Rebhuhn, Starna cinerea; Wachtel, Coturnix dactylisonans; Laufhuhn, Turnix sylvatica; Gemeines Steinhuhn, Perdix saxatilis; Rothuhn, Perdix rubra; Felsenhuhn, Perdix petrosa.

Familie Flughühner, Pteroclidae: Steppenhuhn, Syrrhaptes paradoxus; Gangaflughuhn, Pterocles alchata; Ringelflughuhn, Pterocles alchata.

Ordnung Tauben, Columbidae.

Familie Tauben, Columbae: Ringtaube, Columba palumbus; Hohltaube, Columba oenas; Felsentaube, Columba livia; Turteltaube, Turtur auritus; Lachtaube, Turtur risorius.

Ordnung Stelzvögel, Grallae.

Familie Trappen, Otidae: Großtrappe, Otis tarda; Zwergtrappe, Otis tetrax; Kragentrappe, Otis houbara.

Familie Kraniche, Gruidae: Gemeiner Kranich, Grus cinereus; Jungfrauenkranich, Grus virgo.

II. Einteilung der Wildarten und jagdzoologische Übersicht. 73

Familie Brachschwalben, Glareolidae: Gemeine Brachschwalbe, Glareola pratincola.

Familie Regenpfeifer, Charadriidae: Gemeiner Triel, Oedicnemus crepitans; Kiebitzregenpfeifer, Charadrius squatarola; Goldregenpfeifer, Charadrius pluvialis; Mornellregenpfeifer, Eudromias morinellus; Seeregenpfeifer, Aegialites cantianus; Sandregenpfeifer, Aegialites hiaticula; Flußregenpfeifer, Aegialites minor; Kiebitz, Vanellus cristatus; Steinwälzer, Strepsilas interpres; Austernfischer, Haematopus ostrilegus.

Ordnung reiherartige Vögel, Grallatores.

Familie Störche, Ciconiidae: Weißer Storch, Ciconia alba; schwarzer Storch, Ciconia nigra.

Familie Reiher, Ardeidae: Grauer Reiher, Ardea cinerea; Purpurreiher, Ardea purpurea; Edelreiher, Ardea alba; Seidenreiher, Ardea alba; Kuhreiher, Ardea bubulcus; Rallenreiher, Ardea ralloides; Löffelreiher, Platalea leucorodia; Ibis, Falcinellus igneus; Nachtreiher, Nycticorax griseus; Rohrdommel, Botaurus stellaris, Zwergreiher, Ardetta minuta.

Familie Rohrhühner, Gallinulidae: Wasserralle, Rallus aquaticus; Wiesenralle, Crex pratensis; Grünfüßiges Teichhuhn, Gallinula chloropus; Getüpfeltes Sumpfhuhn, Gallinula porzana; Kleines Sumpfhuhn, Gallinula minuta; Zwergsumpfhuhn, Gallinula pygmaea; Schwarzes Wasserhuhn, Fulica atra.

Ordnung schnepfenartige Vögel, Scolopacidae.

Familie Schnepfen, Scolopaces; Großer Brachvogel, Numenius arquatus; Regenbrachvogel, Numenius phaeopus; Dünnschnäbeliger Brachvogel, Numenius tenuirostris; Gemeine Uferschnepfe, Limosa aegocephala; Rostrote Uferschnepfe, Limosa lapponica; Waldschnepfe, Scolopax rusticola; Große Bekassine, Gallinago major; Mittlere Bekassine, Gallinago scolopacina; Kleine Bekassine, Gallinago gallinula; Dunkler Wasserläufer, Totanus fuscus; Heller Wasserläufer, Totanus glottis; Gambettwasserläufer, Totanus calidris; Teichwasserläufer, Totanus stagnatilis; Punktierter Uferläufer, Totanus ochropus; Bruchuferläufer, Totanus glareola; Flußuferläufer, Actitis hypoleucus; Kampfschnepfe, Machetes pugnax; Isländischer Strandläufer, Tringa cinerea; Seestrandläufer, Tringa maritima; Alpenstrandläufer, Tringa alpina; Bogenschnäbeliger Strandläufer, Tringa subarquata; Zwergstrandläufer, Tringa minuta; Temmincks Strandläufer, Tringa Temminckii; Strandreiter, Himantopus rufipes; Avosettsäbler, Recurvirostra avcoetta; Schmalschnäbeliger Wassertreter, Phalaropus hyperboreus; Plattschnäbeliger Wassertreter, Phalaropus fulicarius; Sanderling, Calidris arenaria; Sumpfläufer, Limicola pygmaea.

Ordnung gänseartige Vögel, Anseres.

Familie Schwäne, Cygnidae: Höckerschwan, Cygnus olor; Singschwan, Cygnus musicus; Zwergschwan, Cygnus minor; Unveränderlicher Schwan, Cygnus immutabilis.

Familie Gänse, Anseridae: Weißstirngans, Anser albifrons; Zwerggans, Anser minutus; Graugans, Anser cinereus; Saatgans, Anser segetum; Ackergans, Anser arvensis; Schneegans, Anser hyperboreus; Rothalsgans, Bernicla ruficollis; Weißwangengans, Bernicla leucopsis; Ringelgans, Bernicla torquata.

Familie Enten, Anatidae: Brandente, Tadorna cornuta; Rostente, Tadorna casarca; Stockente, Anas boschas; Spießente, Anas acuta; Schnatterente, Anas strepera; Sichelente, Anas falcata; Brautente, Anas sponsa; Knäckente, Anas querquedula; Krickente, Anas crecca; Marmelente, Anas marmorata; Pfeifente, Anas penelope; Löffelente, Spatula clypeata; Kolbente, Fuligula rufina; Moorente, Fuligula nyroca; Tafelente, Fuligula ferina; Reiherente, Fuligula cristata; Bergente, Fuligula marila; Kragenente, Clangula histrionica; Scheckente, Clangula islandica; Schellente, Clangula glaucion; Eisente, Harelda glacialis; Trauerente, Oidemia nigra; Samtente, Oidemia fusca; Brillenente, Oidemia perspicillata; Ruderente, Erismatura leucocephala; Eiderente, Somatheria mollissima; Prachtente, Somatheria spectabilis.

Familie Säger, Mergidae: Gänsesäger, Mergus merganser; Zopfsäger, Mergus serrator; Zwergsäger, Mergus albellus.

Ordnung Taucher, Colymbidae.

Familie Pelikane, Pelecanidae: Gemeiner Pelikan, Pelecanus onocrotalus; Krauser Pelikan, Pelecanus crispus; Zwergpelikan, Pelecanus minor; Kormoran, Carbo cormoranus; Krähenscharbe, Carbo graculus; Zwergscharbe, Carbo pygmaeus.

Familie Steißfüße, Podicipidae: Haubentaucher, Podiceps cristatus; Rothalstaucher, Podiceps rubricollis; Ohrentaucher, Podiceps auritus; Horntaucher, Podiceps arcticus; Zwergsteißfuß, Podiceps minor.

Familie Seetaucher, Colymbidae: Eisseetaucher, Colymbus glacialis; Polarseetaucher, Colymbus arcticus; Nordseetaucher, Colymbus septentrionalis.

Familie Alke, Alcidae: Tordalk, Alca torda; Dumme Lumme, Uria troila; Gryllumme, Uria grylle; Larventaucher, Mormon fratercula.

Familie Sturmvögel, Procellariidae: Grauer Sturmtaucher, Puffinus cinereus; Nordischer Sturmtaucher, Puffinus anglorum; Gemeiner Sturmvogel, Procellaria glacialis; Teufelssturmvogel Procellaria haesitata.

Ordnung möwenartige Vögel, Laridae.

Familie Raubmöwen, Lestrinae; Riesenraubmöwe, Lestris catarrhactes; Mittlere Raubmöwe, Lestris pomarhina; Schmarotzerraubmöwe, Lestris parasitica; Kleine Raubmöwe, Lestris Buffoni.

Familie Möwen, Larinae: Mantelmöwe, Larus marinus; Silbermöwe, Larus argentatus; Heringsmöwe, Larus fuscus; Korallenmöwe, Larus Audoini; Sturmmöwe, Larus canus; Eismöwe, Larus glaucus; Polarmöwe, Larus leucopterus; Rosenmöwe, Larus roseus; Rosensilbermöwe, Larus gelastes; Dreizehenmöwe, Rissa tridactyla; Elfenbeinmöwe, Pagophila eburnea; Lachmöwe, Xema ridibundum; Zwergmöwe, Xema minutum; Hutmöwe, Xema melanocephalum; Fischermöwe, Xema ichthyaëtum.

Familie Seeschwalben, Sterninae: Raubmeerschwalbe, Sterna caspia; Lachmeerschwalbe, Sterna anglica; Brandmeerschwalbe, Sterna cantiaca; Silbergraue Meerschwalbe, Sterna argentata; Flußmeerschwalbe, Sterna fluviatilis; Paradiesmeerschwalbe, Sterna Dougalli; Zwergmeerschwalbe, Sterna minuta; Schwarze Seeschwalbe, Hydrochelidon nigra; Weißflügelige Seeschwalbe, Hydrochelidon leucoptera; Weißbärtige Meerschwalbe, Hydrochelidon hybrida.

Ordnung Tagraubvögel, Falconidae.

Familie Geier, Vulturidae: Weißkopfgeier, Gyps fulvus; Aasgeier, Neophron percnopterus; Kuttengeier, Vultur monachus; Bartgeier, Gypaëtus barbatus.

Familie Adler, Aquilinae: Zwergadler, Aquila pennata; Schreiadler, Aquila naevia; Schelladler, Aquila clanga; Steppenadler, Aquila orientalis; Kaiseradler, Aquila orientalis; Steinadler, Aquila chrysaëtus (fulva); Seeadler, Haliaëtus albicilla; Fischadler, Pandion haliaëtus; Schlangenadler, Circaëtus gallicus; Habichtsadler, Nisaëtus Bonellii.

Familie Falken, Falconidae: Röthelfalke, Cerchneis cenchris; Turmfalke, Cerchneis tinnunculus; Abendfalke, Erythropus vespertinus; Zwergfalke, Hypotriorchis aesalon; Baumfalke, Falco subbuteo; Eleonorenfalke, Falco Eleonorae; Feldegg's Falke, Falco Feldeggi; Wanderfalke, Falco peregrinus; Würgfalke, Falco laniarius; Gyrfalke, Falco gyrfalco.

Familie Habichte, Asturidae: Gemeiner Habicht, Astur palumbarius; Gemeiner Sperber, Accipiter nisus; Kurzzehiger Sperber, Accipiter brevipes.

Familie Milane, Milvidae: Roter Milan, Milvus regalis; Schwarzer Milan, Milvus ater.

Familie Bussarde, Buteoninae: Wespenbussard, Pernis apivorus; Rauhfußbussard, Archibuteo lagopus; Mäusebussard, Buteo vulgaris; Steppenbussard, Buteo desertorum; Adlerbussard, Buteo ferox.

Familie Weihen, Circidae: Rohrweih, Circus aeruginosus; Kornweih, Circus cyaneus; Steppenweih, Circus pallidus; Wiesenweih, Circus cineraceus.

Ordnung Nachtraubvögel, Strigidae.

Familie Tageulen: Schneeeule, Nyctea nivea; Sperbereule, Surnia nisoria.

Familie Käuze: Steinkauz, Athene noctua; Sperlingskauz, Athene passerina; Rauhfußkauz, Nyctale Tengmalmi; Waldkauz, Syrnium aluco; Uralhabichtseule, Syrnium uralense; Bartkauz, Syrnium lapponicum; Schleiereule, Strix flammea.

Familie Ohreulen: Uhu, Bubo maximus; Waldohreule, Otus vulgaris; Sumpfohreule, Brachyotus palustris; Zwergohreule, Scops Aldrovandi.

Ordnung rabenartige Vögel, Corvidae.

Familie Raben: Kolkrabe, Corvus corax; Rabenkrähe, Corvus corone; Nebelkrähe, Corvus cornix; Saatkrähe, Corvus frugilegus; Alpendohle, Pyrrhocorax alpinus; Alpenkrähe, Pyrrhocorax graculus; Gemeine Dohle, Lycos monedula.

Familie Elstern: Gemeine Elster, Pica caudata.

Familie Häher: Eichelhäher, Garrulus glandarius; Unglücks= häher, Garrulus infaustus; Tannenhäher, Nucifraga caryocatactes.

III. Zoologische Notizen über die wichtigsten Wildarten.

1. Rotwild.[1])

Das Rotwild, auch Edelwild genannt, ist über ganz Europa, westlich bis Frankreich, nördlich bis Schottland und Südschweden, östlich bis zum Kaukasus und auch noch über Teile Westasiens verbreitet und steht ebensowohl in Tieflands=, wie in Bergwäldern. Die Stärke des Rotwildes variiert nicht nur nach dem Alter, sondern insbesondere auch nach dem Standort sehr bedeutend; während der Kapitalhirsch der Ost= und Südkarpathen aufgebrochen bis 300 kg wiegt, eine Stangenlänge bis 128 cm und ein Geweihgewicht bis 15 kg erreicht, giebt es in Deutschland Gegenden, wo diesen Ziffern als Maxima 110 kg, 70 cm und 4 kg gegenüberstehen; doch hat auch Deutschland im Osten, speciell in Ostpreußen, Westpreußen und Pommern noch sehr braves Rotwild aufzuweisen.[2]) Ebenso verschieden wie die Dimensionen des Rotwildes im allgemeinen und seines Geweihes, ist auch die stufenweise Ent= wickelung des letzteren. Während es in sehr günstigen Gegenden vor= kommt, daß schon Hirsche vom zweiten Kopf 6—10 Enden tragen, giebt es auch Reviere, in welchen der Hirsch vom dritten Kopf noch Spieße auf hat. Ich gebe im folgenden eine Übersicht der stufenweisen Ent= wickelung, um die einzelnen Formen zu charakterisieren, nur ganz ver=

---

[1]) Raoul von Dombrowski: „Das Edelwild". Wien, 1876.

[2]) Die beste Auskunft über die Stärkenverhältnisse in den einzelnen Ländern giebt: Ernst von Dombrowski, „Die Geweihbildung des Rothirsches in allen Teilen seines Verbreitungsgebietes", Blasewitz=Dresden, 1889; Nach= trag hierzu im „Weidmann", XX. Band, S. 355 und 376.

einzelt wird man jedoch einen Hirsch finden, der diese Stufenleiter regelrecht zurücklegt; meist wird eine oder die andere Stufe übersprungen, während der Hirsch auf mancher Stufe zwei, drei oder mehr Jahre stehen bleibt.

1. Spießerstufe. Glatte, spießähnliche Stangen bis zu 45 cm Länge, in schlechten Lagen bloß Knöpfe; in letzterem Falle setzt der Hirsch als zweiten Kopf meist nochmals längere Spieße auf. 2. Gablerstufe. Dieselbe wird durch den Augsproß gebildet, ein gleich über der Rose an der sonst glatten Stange angesetztes, nach vorn gerichtetes Ende; in besseren Lagen wird diese Stufe meist übersprungen. 3. Sechserstufe. Zu den Augsprossen treten die Mittelsprossen, ziemlich steil nach aufwärts gerichtet. 4. Achterstufe. Hier hat man zwei Formen zu unterscheiden. Der sogenannte Spitzenachter verreckt zwischen dem Aug- und Mittelsproß noch ein weiteres kurzes Ende, den Eissproß; der Gabelachter dagegen hat keinen Eissproß, während sich der Gipfel seiner Stange, eine Gabel bildend, in zwei Enden teilt. 5. Zehnerstufe. Auch hier und bei allen folgenden Stufen hat man, je nach dem Vorhandensein oder Fehlen des Eissprosses, zwei Formen zu unterscheiden. Der Gabelzehner gleicht dem Gabelachter, hat jedoch den Eissproß; dem Kronenzehner fehlt der letztere, dafür teilt sich der Gipfel seiner Stange in eine einfache Krone, d. h. in drei Enden. 6. Zwölferstufe. Zwölfer haben entweder Aug-, Eis-, Mittelsprossen und dreiendige, oder bloß Aug- und Mittelsprossen, dafür aber vierendige Kronen. 7. Vierzehnerstufe. Wie bei der vorigen, je nach dem Vorhandensein oder Fehlen der Eissprossen vier- oder fünfendige Kronen. Mit der Vierzehnerstufe hört sozusagen die gesetzmäßige Geweihbildung auf, mehr oder weniger willkürliche Formen treten an ihre Stelle. — Wenn bei einer Rasse die Hirsche die vorstehende Stufenreihe der Hauptsache nach einhalten, so daß also der Hirsch vom sechsten Kopf normal 12 Enden trägt, so kann sie als gut bezeichnet werden, bleiben die Hirsche dagegen oft auf einzelnen Stufen länger stehen, so daß z. B. Hirsche vom sechsten Kopf normal bloß 8, selten 10 Enden tragen, so ist sie schlecht.

Durchschnittlich im achten Lebensmonat beginnt beim Hirschkalbe die Bildung der Rosenstöcke; nach etwa zwei Monaten sind dieselben fertig und nun entwickelt sich unter dem Schutze des Bastes das erste

Geweih. Nach ca. vier Monaten ist das Geweih voll verreckt, nach weiteren 14 Tagen ist es erhärtet und wird dann gefegt oder geschlagen, d. h. der Hirsch entfernt durch Reiben an Bäumen den Bast von den Stangen. Charakteristisch ist es, daß alle Hirscharten um so stärkere Bäume zum Fegen wählen je älter und stärker sie sind; findet man also ein Geschläge, so kann man aus der Stärke des Baumes und aus der Höhe, bis zu welcher die Rinde abgerieben ist, auf die Stärke des betreffenden Hirsches schließen. Etwa im Mai des folgenden Jahres, also im Alter von nicht ganz zwei Jahren, wirft der Hirsch sein Erstlingsgeweih ab und beginnt sofort mit dem Aufbau der neuen Stangen. Je älter der Hirsch wird, um so früher wirft er ab, und um so früher ist er auch wieder mit dem neuen Geweih fertig, da die Gesamtentwicklung ebensowohl bei starken wie bei geringen Hirschen rund vier Monate beträgt. Hirsche, die Mitte März abwerfen, fegen also etwa Mitte, spätestens Ende Juli. Für die meisten Gegenden kann man den 1. März als frühesten, den letzten Mai als spätesten Abwurfstermin annehmen, so daß die Periode des Fegens je nach der Gegend und der Stärke der Hirsche in die Zeit vom 1. Juli bis letzten September fällt. In sehr günstigen Revieren werfen die ältesten Hirsche mitunter schon Mitte, ja selbst Anfangs Februar ab.

Wie alle Säugetiere unterliegt auch das Rotwild einem zweimaligen Haarwechsel. Im Sommer trägt es kurzes, schütteres, gelbbraunes bis fast fuchsrotes Haar; im Winter ist das viel längere und dichtere Haar von graubrauner Farbe, der Hirsch trägt überdies von der Brunft an am Halse stark verlängertes schwärzliches Haar (Brunfthals). Der Haarwechsel vollzieht sich je nach dem Alter und Geschlecht der Stücke in verschiedenen Zwischenräumen. Zuerst verlieren im Frühjahr die starken Hirsche, dann die Gelttiere und geringeren Hirsche, dann die Schmaltiere und Spießer, endlich, erst nach dem Setzen, die Alttiere das Winterhaar und in gleicher Weise erfolgt das Anlegen der Winterfarbe im Herbst. Während also in einer Durchschnittsgegend der Hirsch Mitte Mai bereits rot ist, erscheint das Kälbertier noch vollkommen grau.

Die Brunft beginnt je nach dem Klima in der Zeit von den letzten August- bis zu den letzten September- und ersten Oktobertagen und dauert etwa fünf Wochen, ist also stellenweise schon mit Ende

September, stellenweise erst mit Ende Oktober vorüber. Während der Brunst schreit oder meldet, orgelt der Hirsch. Das Tier trägt 40 Wochen, setzt also im Mai oder Juni und zwar meist ein, seltener zwei Kälber.

Schon etwa zwei Monate nach dem Setzen vereinigt sich das Kahlwild zu stärkeren oder schwächeren Rudeln, die sich erst im nächsten Jahre vor Beginn der Setzeit wieder für kurze Zeit trennen. Hirsche halten sich nach der Brunst teils getrennt, teils schlagen sie sich zu den Rudeln und vereinigen sich nach deren Auflösung im Frühjahr oft selbst= ständig zu solchen, die während der ganzen Kolben= und Feistzeit bei= sammenbleiben, bis der Brunsttrieb die bisherige Kameradschaft in erbitterte Feindschaft verwandelt.

2. Rehwild.[1]

Das Rehwild hat so ziemlich dieselben Verbreitungsgrenzen wie das Rotwild, ist jedoch in den Kulturländern noch ungleich zahlreicher vorhanden. Seine Stärke variiert nicht minder; das Maximalgewicht in Europa beträgt aufgebrochen 36 kg, dafür giebt es Gegenden, wo kein Bock über 16—17 kg wiegt; im allgemeinen kann für Mitteleuropa ein Bock von 20 kg Gewicht mit 25 cm Stangenhöhe, 13 cm Rosen= umfang und 200 g Gehörngewicht (Maxima in Europa 32 cm, 21 cm und 500 g) schon als Kapital gelten. Das stärkste Rehwild besitzen Galizien, Ungarn, Slavonien, Bosnien, Ostpreußen und Mecklenburg.

Die stufenweise Entwickelung des Gehörnes unterliegt gleichfalls großen Schwankungen. Normal verreckt der Bock im ersten Jahre Spieße, die bloß 1 aber auch 18 cm lang werden können, im zweiten Jahre eine Gabel=, im dritten ein Sechsergehörn; in späteren Jahren wird das Gehörn dann bis zu einem gewissen Punkte, ohne an Enden zuzunehmen, nur höher und stärker und schließlich beginnt mit der sinkenden Lebenskraft der Rückgang, welcher sich durch Stumpfwerden und Verkürzung der Enden, insbesondere aber durch die Kürze und außerordentliche Stärke der Rosenstöcke charakterisiert. Diese Grund= regeln erfahren jedoch viele Ausnahmen. Einjährige Böcke verrecken mitunter gleich ein Gabel=, ja selbst ein Sechsergehörn, auf der zweiten

---

[1] Raoul v. Dombrowski: „Das Reh". Wien, 1875. — Ernst v. Dom= browski: „Die Gehörnbildung des Rehbockes in allen Teilen seines Verbreitungs= gebietes", im „Weidmann", Jahrgang 1890—1893.

Stufe ist der Sechser keine Seltenheit mehr und in späteren Jahren steigt die Endenzahl bisweilen auf 8 oder 10, ganz ausnahmsweise auch noch höher; im Gegensatz hierzu findet man in ungünstigen Revieren insbesondere nach harten Wintern noch dreijährige Böcke, die bloß Spieße aufhaben. Mehr als bei irgend einer anderen Hirschart finden sich beim Gehörn des Rehbocks die verschiedensten Abnormitäten und widersinnigen Bildungen. Die merkwürdigste, krankhafte Mißbildung ist die bei anderen Hirscharten nur höchst selten vorkommende Perücke, welche entsteht, wenn der Bock auf natürlichem oder künstlichem Wege in den Augenblicke kastriert wird, wo er sein altes Gehörn abgeworfen hat und mit der Bildung des neuen beginnt. Statt normaler Stangen verreckt ein solcher Bock ein ganz unregelmäßiges, wucherndes, anfangs gallertartiges und später poröses, an die Struktur des Bimssteins erinnerndes, aber stets von Bast bedecktes Gebilde. Meist verendet der Perückenbock nach ein paar Monaten; ist die Verletzung derart, daß sie wieder heilen kann, so wird die Perücke gefegt.

Der Aufbau der Rosenstöcke vollzieht sich beim Kitzbock in der Zeit vom Oktober bis Dezember; die Spieße sind meist Ende Mai, spätestens Ende Juni verreckt und werden dann gefegt. Dieses Erstlingsgehörn wirft der Bock im Dezember seines zweiten Lebensjahres, also im Alter von 18 bis 19 Monaten ab. Ältere Böcke fegen bereits im April, ja selbst schon im März und werfen demgemäß auch früher, meist im November, seltener schon im Oktober oder erst im Dezember ab. Äußerst selten kommt es vor, daß auch sehr alte Ricken geringe Gehörne verrecken, die meist aus sehr lichten, kurzen aber starken, wenig geperlten und mehr oder weniger verbildeten Spießen bestehen. Das Haar ist im Sommer rotbraun, im Winter bis auf den weißen Spiegel graubraun.

Die Brunft des Rehwildes tritt je nach der Gegend in der Zeit von Anfang Juli bis Mitte August ein und dauert etwa 14 Tage. Bei der Entwickelung des Embryos zeigt das Reh eine in der Tierwelt einzig dastehende Erscheinung. Das Ei gelangt nämlich erst drei Monate nach dem Beschlag in den Uterus, so daß also der Embryo sich erst im Dezember zu entwickeln beginnt und die ganze Tragzeit mindestens 40 Wochen dauert. Die Kitze, welche im Mai gesetzt werden, meist zwei, seltener bloß eins oder drei, bleiben bis zum Eintritt der nächstjährigen Setzzeit bei ihrer Mutter; nach der Brunft vereinigen sich oft 5—6 Stück, nur selten, bei sehr starken Rehständen, begegnet man auch Sprüngen von 10—12 Stück.

Damwild.

Das Damwild war ursprünglich bloß über die Mittelmeerländer verbreitet, ist jedoch heute in Mitteleuropa in Tiergärten und freien Wildbahnen vielfach eingebürgert. Der starke Hirsch wird 150—160 cm lang, 80—90 cm hoch und aufgebrochen bis 100, meist jedoch bloß 70—85 kg schwer. Die Behaarung ist zu allen Jahreszeiten ziemlich gleich, die Färbung jedoch verschieden. Das Sommerhaar ist rotbraun mit zahlreichen weißen Tüpfeln, das Winterhaar ziemlich einfarbig braungrau, meist nur an den Keulen etwas weiß gefleckt. Außer dieser Normalfärbung kommt konstant auch weißliches und schwarzes Damwild vor.

Im Dezember beginnt beim Hirsch die Bildung der Rosenstöcke, welche etwa im Mai fertig sind, worauf jene des Erstlingsgeweihes folgt, welches aus im unteren Teile sehr stark geperlten Spießen von 2—20 cm Länge besteht. Auf der zweiten Stufe verreckt der Damhirsch nur selten ein Gabelgeweih, meist hat er auch schon den Mittelsproß und mitunter am Stangengipfel eine Gabel. Bei der dritten Stufe verbreitert sich der Gipfel der Stangen zu einer 4—6 cm breiten Schaufel mit einigen Ausbuchtungen. Bei der vierten Stufe verbreitert sich die Schaufel noch mehr und trägt meist 6—8, in höherem Alter bei noch zunehmender Breite auch noch mehr Randzacken, die weidmännisch jedoch nicht als Enden betrachtet werden. Die stärksten Schaufeln findet man in Ungarn, Italien und Mecklenburg. Der Abwurf erfolgt im Mai und Juni, das Fegen im August und September.

Die Brunft liegt in der Zeit von Mitte Oktober bis Mitte November, die Setzzeit in der Periode von Mitte Juni bis Mitte Juli. Der Hirsch schreit in der Brunft, jedoch ganz abweichend vom Rothirsch; der Ton gleicht einem hohen, kurz abgesetzten Schnarchen. Das Damwild bildet namentlich im Winter oft sehr starke Rudel.

Elchwild.

Die Verbreitung des Elchwildes erstreckte sich ehemals über den größten Teil Europas, doch wurde es immer mehr nach Norden und Osten verdrängt, so daß es sich heute nur noch in einem kleinen

Teile Ostpreußens (Ibenhorst), im europäischen Rußland nördlich des 54. Grades n. L., im größten Teile Skandinaviens und in Sibirien findet.

An den seitlich etwas zusammengedrückten, also nicht rein cylindrischen Rosenstöcken entwickelt sich beim Hirsch im 14. Lebensmonat das Erstlingsgeweih, das im Sommer gefegt wird; es besteht aus kurzen Spießen ohne Rosen von 6—12 cm Länge, die im folgenden Jahre meist wieder durch 15—35 cm lange Spieße, mitunter auch schon bei Hinzutritt des Augsprosses durch ein Gabelgeweih ersetzt werden. Regel ist das Gabelgeweih erst für die dritte Stufe, mitunter findet man es auch noch auf der vierten. Von da ab beginnt die Bildung von Schaufeln mit verschiedener Breite und Endenzahl. Das Gewicht von Kapitalschaufeln beträgt bis zu 30 kg. Der starke Hirsch wird bis 4 m lang, 250 cm hoch und aufgebrochen bis 600 kg schwer.

Die Brunft beginnt in Ostpreußen bereits Ende August, im Norden erst im September oder Oktober, und dauert 4 Wochen. Nach 36 Wochen, also zu Ende April bis Ende Juni, setzt das Tier meist zwei Kälber, seltener bloß eins.

Gemswild.[1]

Das Gemswild ist auf die Hochlagen der Alpen, Karpathen, des Balkansystems, der Apenninen, Spaniens und des Kaukasus beschränkt, nur geringzählig steht es schon in der Waldregion des Hochgebirges. Das Durchschnittsgewicht eines guten Bockes beträgt 30 kg (aufgebrochen), Kapitalböcke werden bis 50, ja 57 kg schwer; Geißen gleichen Alters sind bloß etwa um 10% leichter. Die Körperlänge steigt bis 134, die Widerristhöhe bis 86 cm. Auf den Stirnbeinen der Gemse erheben sich zwei poröse, konische Knochenfortsätze, welche von den hohlen Krickeln, einer Epidermisbildung, als bleibende, nie gewechselte Hülle umgeben werden. Die Bildung der Krickeln beginnt schon zu Ende des zweiten Lebensmonates. Die Krickeln des Bockes sind im Verhältnis zu ihrer Höhe stets stärker und schärfer gekrümmt als jene der Geiß, immerhin aber gehört zum Ansprechen im Freien viel Übung. Längs der Krümmung gemessen erreichen die Krickel eine Länge von 32, einen Spitzenabstand von 23 und an der Basis einen Umfang bis zu 12 cm. Das Sommer-

---

[1] F. C. Keller: „Die Gemse". 1885.

haar ist der Hauptsache nach bald heller, bald tiefer gelbbraun mit dunklem Aalstreif, das lange, dichte Winterhaar ganz dunkel graubraun; auf der Rückenkante oberhalb der Blätter ist das Haar dann bedeutend, bei sehr alten Böcken bis zu 20, ja 25 cm verlängert, fast schwarz mit gelblichen Spitzen; diese Haare bilden den vielbegehrten Gemsbart.

Die alten Böcke stehen, mit Ausnahme der Brunft, meist einzeln, das übrige Krickelwild dagegen bildet Rudel, die meist von einer Geltgeiß, die man in diesem Falle Leitgeiß nennt, geführt werden. Im November, bei Beginn der Brunft, treten auch die alten Böcke zu den Rudeln, trennen sich indes, wenn sie abgebrunftet haben, gleich wieder von denselben. Nach 20—22 Wochen, also meist im Mai, setzt die Geiß ihr Kitz; zwei Kitze kommen recht selten vor.

Schwarzwild.[2])

Die Verbreitung des Schwarzwildes umfaßt ganz Europa, nördlich etwa bis zum 60. Grad n. Br., in den Kulturländern jedoch, insbesondere in Deutschland, sind seine Tage infolge des Schadens, welchen es der Landwirtschaft zufügt, gezählt; immerhin ist sein Vorkommen auch in Deutschland, abgesehen von Tiergärten, noch ein ziemlich zahlreiches. Sehr häufig ist das Schwarzwild namentlich in den Karpathen. Das Schwarzwild ist die Stammform des Hausschweines, unterscheidet sich jedoch von diesem durch viel breiteren Kopf, größeren und stärkeren Wurf, kürzere Gehöre, stärkere Läufe und kürzeren, fast gerade herabhängenden Bürzel. Die Farbe variiert lokal und individuell von graubraun bis braunschwarz, ganz schwarz ist sie nie. Der Keiler ist bei gleichem Alter immer viel stärker als die Bache, er erreicht ein Maximalgewicht von 295 kg; in Deutschland wird allerdings selten ein Stück über 150 kg schwer. Außer seiner Stärke ist der Keiler von der Bache auch durch sein Gewaff unterschieden; die Gewehre des Unterkiefers sowohl wie die Haderer sind viel stärker als die Haken der Bache. Schon im zweiten Jahre erheben sich jene gegen das Ende des Gebräches aus dem Ober- und Unterkiefer merklich. Beim dreijährigen Keiler verlängert sich das untere Gewehr um vieles mehr als das obere. Es wächst schräg nach aufwärts, krümmt sich oben, ist ganz weiß und glänzend,

---

[2]) F. Krichler: „Das Schwarzwild". 1887.

auch äußerst scharf und spitz. Das obere biegt sich gleich vom Kiefer ab- und aufwärts, ist aber kaum halb so lang als jenes. Beim angehenden Schwein nimmt das Gewehr an Länge, Stärke, das untere besonders an Krümmung zu.

Die Brunft- oder Rauschzeit des Schwarzwildes fällt in die Monate November und Dezember. Nach 20 Wochen frischt die Bache 4—12 Frischlinge, die anfangs graurötlich gefärbt und mit gelblichen Horizontalstreifen gezeichnet sind. Das Schwarzwild rudelt sich gern, nur starke Keiler halten sich einzeln.

Feldhase.[1]

Die Verbreitung des Feldhasen erstreckt sich über ganz Europa vom äußersten Süden bis ziemlich weit nach Norden, in Skandinavien etwa bis zum 70., in Rußland bis zum 65. Grad n. Br. Am zahlreichsten bevölkert er die Kulturebene, viel spärlicher der Wald. Die Stärke und Farbe der Hasen variieren örtlich recht bedeutend; am schwächsten sind jene der Mittelmeerländer, welche nie über 3,5 kg wiegen, während z. B. jene Böhmens, Niederösterreichs, Schlesiens und Sachsens in vollwüchsigem Zustande normal 4,5, ausnahmsweise aber auch bis 6 kg schwer sind. Die Rammelzeit des Hasen trifft je nach der Gegend und dem Klima und auch je nach den Witterungsverhältnissen des betreffenden Jahres sehr verschieden ein. Oft rammeln die Hasen schon im Januar, oft nicht vor Mitte oder selbst Ende Februar; da die Tragzeit 30—31 Tage dauert, findet man in manchen Jahren schon Mitte Februar, in anderen erst Ende März die ersten Hasen. Die Hasen rammeln vier- bis fünfmal jährlich, jedesmal setzt die Häsin 2—3, seltener 4 und ausnahmsweise 5 Junge. Die Hasen vom 1. Satz rammeln auch schon im Spätsommer ihres Setzjahres. Unter günstigen Umständen sind also von einer Häsin bis zu 15—18 Stück Nachwuchs zu erwarten, doch kann man selbst in sehr raubzeugarmen Gegenden in Mitteljahren immer nur 8—10 Stück als Norm annehmen, da sehr viel Junghasen durch Spätfröste und starke Regengüsse zu Grunde gehen.

---

[1] Ernst von Dombrowski: „Der Hase". 1896 (unter der Presse).

Kaninchen.

Das Kaninchen bewohnt ganz Europa bis nach Südschweden und Schottland. Sein Gewicht steigt bis 2,5 kg. Es bewohnt selbstgegrabene, oft weit verzweigte Baue, die es nur ungern auf flachem Boden anlegt; am liebsten sind ihm steil abfallende Hänge und besonders Lehmwände an Fluß= und Seeufern, Wasserrissen u. s. w., dann auch Sanddünen. Bei kühlem, feuchtem Wetter oder bei Wind hält sich das Kaninchen tagsüber meist im Bau, sonst liegt es auch untertags gerne auf Feldern, oft weit von den Bauen entfernt. Die Rammelzeit beginnt im Februar, die Tragzeit dauert 28 Tage; bis zum Spätsommer setzt die Häsin etwa alle fünf Wochen jedesmal 4—8 Junge, im Jahre also 28—45.

Wildart	Paarzeit	Setzzeit	Tragzeit Tage	Zahl der Jungen
Biber	Februar	April	42	2—4
Alpenhase . .	April und Juli	Mai und Juli	30	2—3
Murmeltier .	April	Juni	28	2
Eichhörnchen.	unregelmäßig, zweimal	unregelmäßig, zweimal	28	3—4
Seehund . . .	September=November	Mai=Juli	240	1—2
Bär[1])	Mai=Juni	Januar=Februar	240	1—2
Wolf	Februar	Mai	90	4—9
Luchs	Februar	April	63	2—3
Wildkatze . .	Februar	April=Mai	60	4—6
Dachs	Oktober	Februar=März	120	3—6
Fuchs[2]) . . .	Februar	April=Mai	62	4—9
Iltis	Februar	April	60	5—9
Hermelin . .	März=April	Mai	55	6—9
Wiesel	März	Mai	55	4—6
Edelmarder .	Januar=Februar	März=April	60	2—4
Steinmarder .	Februar	April	60	3—5
Sumpfotter .	Februar	April	60	2—4
Fischotter . .	unregelmäßig	unregelmäßig	62	2—4

[1]) E. von Czynk: „Der Bär". 1893.
[2]) Raoul von Dombrowski: „Der Fuchs". 1883.

Bezüglich des übrigen Haarwildes giebt vorstehende Tabelle über die wichtigsten Momente Aufschluß.

Auerwild.[1]

Das Auerwild ist über alle großen geschlossenen europäischen Waldgebiete im Tieflande wie im Gebirge verbreitet, und zwar vom äußersten Süden bis zum 60. Grad n. Br. Am stärksten sind seine Stände in Steiermark, in Oberösterreich, im Schwarzwald, dann in Skandinavien und Teilen Rußlands. Der Hahn wiegt bis 4,5 kg, die Henne bloß bis 2,5 kg. Das Federkleid des Hahnes ist bekannt; die Henne hat rostfarbigen Kopf und ebensolchen Stoß mit schwarzen Querbinden, ihr übriges Gefieder zeigt ein Gemisch von rostbraun, rostgelb, weiß und schwarz. Die Balzzeit fällt je nach dem Standort in die Zeit von Ende März bis Anfang Juni und dauert meist vier Wochen. Über die Balzarie haben wir schon auf Seite 63 gesprochen. Im Mai oder Juni legt die Henne in ein flüchtig aus dürrem Reisig auf dem Boden hergestelltes Nest 6 bis 8, auch 10 und ausnahmsweise bis 15 Eier, die Jungen sind nach 28 Tagen ausgebrütet und nach 8—9 Wochen flugbar. Von der Kette trennen sich die jungen Hähne schon im Herbst, die Hennen halten bis zur Balz in lockerem Verbande zusammen.

Birkwild.[2]

Das Birkhuhn ist gleichfalls weit, jedoch nicht mehr über die drei südlichen Halbinseln (mit Ausnahme von Bosnien und der Dobrudscha) verbreitet; es bewohnt Ebenen sowohl wie das Hochgebirge. Das Gefieder des Hahnes ist bekannt, die etwa um ein Viertel geringere Henne trägt ein Gemisch von hellrostbraun, schwarz und weiß und hat keinen leierförmigen, sondern nur ganz kurz gegabelten Stoß. Die Balz beginnt je nach der Lage zu Ende März oder Anfang April und dauert sechs bis sieben Wochen. Meist balzt der Hahn auf dem Boden und zwar mit Vorliebe auf freien, ringsum Aussicht gewährenden Flächen, seltener auf Bäumen. Die Henne legt ihr Nest wie die Auerhenne an;

---

[1] Dr. Wurm: „Das Auerwild". 1885.
[2] Alfred Ludwig: „Das Birkwild". 1894.

gegen Mitte Mai legt sie 8—12, selten bis 16 Eier, die in 21 Tagen ausgebrütet sind. Die Alten bleiben bis zur nächsten Balz mit ihren Jungen vereint; auch die Hähne leben im Spätherbst und Winter meist gesellig.

Fasan.[1])

Die ursprüngliche Heimat des Fasans bilden die Küstengebiete des schwarzen und kaspischen Meeres, doch ist er heute in ganz Mitteleuropa zahlreich eingebürgert. Er bevorzugt eben gelegene, kleinere, remisenartige Gehölze in wasserreichen Gegenden. Die Balzzeit beginnt Ende März oder Anfang April; im Mai legt die Henne auf dem Boden in flüchtig ausgefütterter Nestmulde 8—20 Eier; die Brutzeit dauert 24 Tage. Die Ketten bleiben nur bis zur Herbstmauser vereinigt. Man unterscheidet wilde und zahme Fasanerien; in ersteren werden die Fasanen im Winter wohl gefüttert, bleiben aber sonst sich selbst überlassen; in letzteren fängt man im Spätherbst die Fasanen lebend ein, hält sie den Winter über in eigenen Fasanenkammern, läßt sie erst zur Balz wieder frei, sammelt die Eier ein, läßt sie durch zahme Truthennen ausbrüten und füttert die Jungen künstlich auf.

Rebhuhn.[2])

Das Rebhuhn ist als Standvogel über ganz Europa bis nach Südschweden verbreitet; es bevorzugt wohl die Ebene, geht aber stellenweise, so namentlich in den Balkanländern, auch hoch ins Gebirge (bis 1800 m) empor. Freie Felder und Wiesen, die von Hecken und kleinen Remisen unterbrochen werden, sind ihm am liebsten. Die Paarzeit liegt im März und April; zu Ende letzteren Monats oder im Mai legt die Henne auf nacktem Boden in eine ausgescharrte Vertiefung 8—22 Eier, die nach 21 Tagen ausgebrütet sind. Wenn dieses erste Gelege verunglückt, macht die Henne ein zweites, welches dann aber bloß aus 5—10 Eiern besteht. Die Ketten, einschließlich des alten Hahnes, bleiben bis zur nächsten Paarzeit stets vereinigt.

---

[1]) P. Wittmann: „Der Fasan". — V. D. Wißla: „Die wilde Fasanerie".
[2]) R. v. Schmiedeberg: „Das Rebhuhn". Berlin, 1896, Verlagsbuchhandlung Paul Parey.

Waldschnepfe.[1]

Als Brutvogel bewohnt die Waldschnepfe ganz Europa nördlich bis zum 67. Grad, indes brütet sie in Mitteleuropa meist bloß recht spärlich in feuchten Gebirgswäldern; die meisten Schnepfen brüten in Skandinavien, Rußland und Sibirien. Als Zugvogel kommt sie, je nach der Gunst oder Ungunst des Terrains, in ganz Mitteleuropa vor, und zwar in der Zeit vom 10. März bis Anfang April und von Mitte Oktober bis gegen Ende November. Sehr vereinzelt überwintert sie auch. Die Balzzeit fällt mit dem Frühjahrszug zusammen; im April legt das Weibchen auf den Boden 3—4 Eier, die nach 18 Tagen ausgebrütet sind; schon nach 5—6 Wochen trennt sich die Familie.

Stockente.

Die Stockente ist über den größten Teil der nördlichen Erdhälfte verbreitet und fehlt speciell in Mitteleuropa fast in keiner Gegend mit größeren Gewässern, da sie bezüglich ihres Aufenthaltes weniger wählerisch ist, als die meisten übrigen Entenarten. Man findet sie ebensowohl an großen Strömen und Seen, wie auch im Sumpfe und selbst an ganz kleinen Teichen, wenn diese nur von Schilf gesäumt und ruhig gelegen sind. Dort, wo die Gewässer auch im Winter wenigstens teilweise offen bleiben, ist sie meist Standvogel, nur wenn alles vereist ist, sieht sie sich zum Wandern gezwungen. Die Reihzeit liegt im März, oft beginnt sie auch schon im Februar. Das Nest wird im April und zwar in sehr verschiedener Weise gebaut. Bald steht es auf dem Boden im Heidekraut, in einer Fichtendickung, auf dem Felde, mitten im Sumpf oder am Rande der Gewässer, bald auf Kopfweiden, bald in hohlen Bäumen, bald wird ein alter Krähen= oder Raubvogelhorst benützt. Im letzteren Falle trägt die Ente ihre Jungen sofort nach dem Aus= kriechen im Schnabel nach dem Wasser; sie schwimmen von der ersten Stunde ihres Lebens an. Das Gelege besteht aus 8—14 Eiern, die Brutzeit dauert 23 Tage. Die Kette bleibt bis zur nächsten Reihzeit beisammen, oft scharen sich die Enten sogar zu Hunderten, ja stellen= weise selbst zu Tausenden.

---

[1] Dr. Julius Hoffmann: „Die Waldschnepfe". 1886. — E. v. Czynk: „Die Waldschnepfe". Berlin, 1896, Verlagsbuchhandlung Paul Parey.

90 II. Teil. Einführung in die Jagdwissenschaft.

Wildart.	Stand des Nestes.	Eierzahl.	Brutdauer Tage.	Legezeit.
Haselhuhn[1]	Im Walde auf dem Boden	8—14	21	April—Mai.
Alpenschneehuhn	Auf dem Boden zwischen Geröll	6—15	21	Juni.
Weidenschneehuhn	Auf dem Boden in Mooren und Brüchen	8—14	21	Mai—Juni.
Steinhuhn	Auf dem Boden zwischen Geröll	10—15	21	Mai—Anfang Juni.
Rothuhn	Ebenso, auch auf Feldern	10—18	21	Mai.
Wachtel	Im Felde auf dem Boden	7—14	19	Juni—Juli.
Ringtaube	Auf Bäumen	2	17	April—Mai und Juli.
Hohltaube	In hohlen Bäumen	2	17	April und Juni.
Felsentaube	In Felsenhöhlen und Felsspalten	2	17	Ebenso, mitunter auch drei Bruten.
Turteltaube	Auf Bäumen	2	17	Mai und Juli.
Großtrappe	Im Felde und auf der Steppe am Boden	2—3	30	April.
Zwergtrappe	Ebenso	3—5	28	Mai.
Triel	Auf Schotter- und Sandbänken	2—3	17	Mai.
Goldregenpfeifer	Auf dem Boden in moorigem Terrain	4	17	Mai.
Kiebitz	Im Sumpf und auf Wiesen	4	17	März—April.
Weißer Storch	Auf Bäumen und Hausdächern	3—5	30	April.
Schwarzer Storch	Nur auf Bäumen	3—5	30	April.

[1] Prof. Valentinitsch: „Das Haselhuhn". 1892.

III. Zoologische Notizen über die wichtigsten Wildarten.

Grauer Reiher	Kolonienweise auf Bäumen	3—5	26	April—Mai.
Purpurreiher	Einzeln im Sumpf	4	26	Mai.
Rohrdommel	Ebenso	3—5	26	Mai.
Zwergreiher	Auf Weidengestrüpp an Sumpfrändern	5—7	24	Juni.
Kranich		2	30	Mai.
Schwarzes Wasserhuhn	In Sümpfen und Brüchen auf dem Boden	7—12	21	April—Mai.
Punktiertes Rohrhuhn	In Sümpfen zwischen Schilf und Rohr	9—12	21	Juni.
Wasserralle	Im Sumpf am Rand von Pflanzen	6—10	20	Juni.
Grünfüßiges Teichhuhn	Meist auf dem Wasser schwimmend, seltener im Rohr oder Schilf	8—10	21	Mai.
Wachtelkönig	Auf nassen Wiesen	7—12	20	Juni.
Großer Brachvogel	In Sümpfen und nassen Wiesen auf dem Boden	4	21	Mai.
Kleiner Brachvogel	Ebenso	4	21	Mai Juni.
Schwarzschwänz. Uferschnepfe	Ebenso	4	20	April—Mai.
Große Sumpfschnepfe	Ebenso	4	17	Juni.
Mittlere Sumpfschnepfe	Ebenso	4	16	April.
Kleine Sumpfschnepfe	Ebenso	4	16	Mai.
Gambettwasserläufer	Ebenso	4	16	Mai.
Höckerschwan	Am Rand von Seen und Sümpfen	5—9	35	April.
Graugans	Auf dem Boden, meist auf Inseln	5—10	28	April.
Saatgans	Ebenso	6—10	27	April—Mai.
Brandente	In Erdlöchern und hohlen Bäumen	7—12	26	Mai.
Löffelente	Im Sumpf	7—14	26	Mai.
Schnatterente	Ebenso	6—12	26	April.
Spießente	Ebenso	8—10	26	April.
Knäckente	Ebenso	9—12	26	April.

II. Teil. Einführung in die Jagdwissenschaft.

Wildart.	Stand des Nestes.	Eierzahl.	Brutdauer. Tage.	Legezeit.
Krickente	Im Sumpf	8—14	24	Mai.
Pfeifente	Ebenso	9—12	26	Mai.
Tafelente	Ebenso	8—10	26	Mai.
Moorente	Ebenso	9—12	26	Mai.
Reiherente	Ebenso	8—12	26	Mai.
Großer Säger	Auf festem Land im Gebüsch und in hohlen Bäumen	8—15	26	April—Mai.
Mittlerer Säger		8—14	26	Mai.
Kormoran	Kolonienweise auf Bäumen	3—4	28	April und Juni.
Haubentaucher	Schwimmend auf Seen und Teichen	3—4	21	Mai.
Rothalstaucher	Ebenso	3—4	21	Mai.
Zwergtaucher	Ebenso	3—6	21	Mai.
Lachmöwe	Auf Schotter- und Sandbänken	4	21	Mai—Juni.
Flußseeschwalbe	Ebenso	4	21	Mai—Juni.
Schwarze Seeschwalbe	Im Sumpf	4	21	Mai—Juni.
Schreiadler	Stets auf Bäumen	1—3	28	April—Mai.
Seeadler	Auf Bäumen, im Norden auf Klippen	1—3	30	Februar—März.
Steinadler	Auf Bäumen und Felswänden	1—3	35	März.
Fischadler	Auf Bäumen, seltener auf Felsen	2—4	26	April—Mai.
Schlangenadler	Auf Bäumen	1	28	Mai.

III. Zoologische Notizen über die wichtigsten Wildarten.

Baumfalke	Auf Bäumen	3—4	21	Mai—Juni.
Wanderfalke	Auf Bäumen und Felsen	3—4	21	April.
Turmfalke	Ebenso und in altem Gemäuer	—	21	April.
Habicht	Auf Bäumen	3—5	22	April.
Sperber	Auf Bäumen, meist im Stangenholz	4—7	21	Mai.
Roter Milan	Auf Bäumen	2—4	21	März—April.
Schwarzer Milan	Ebenso	2—4	21	April—Mai.
Mäusebussard	Ebenso	2—4	21	März—April.
Wespenbussard	Ebenso	1—3	21	Juni.
Rauhfußbussard	Auf Tundren	2—4	21	Mai—Juni.
Rohrweih	Im Sumpf zwischen Schilf und Rohr	3—6	22	April.
Kornweih	Auf Feldern	3—6	22	Mai.
Steppenweih	Ebenso und in der Steppe	3—6	22	Mai—Juni.
Wiesenweih	Ebenso und auf Schlägen	3—6	22	Mai—Juni.
Uhu	In hohlen Bäumen, Erd- und Felslöchern	2—4	21	März—April.
Waldkauz	In hohlen Bäumen	3—5	21	März—April.
Steinkauz	Ebenso, in Gemäuer und in Erdlöchern	4—5	16	Mai.
Kolkrabe	Auf Bäumen, seltener auf Felsen	4—6	21	Februar—März.
Rabenkrähe	Auf Bäumen	4—6	20	April.
Nebelkrähe	Ebenso	4—6	20	April.
Saatkrähe	Ebenso, kolonienweise	4—6	20	April.
Dohle	In hohlen Bäumen und in altem Gemäuer	—	—	April.
Elster	Auf Bäumen, meist im Stangenholz	5—9	18	März—April.
Eichelhäher	Ebenso	5—9	17	Mai.
Tannenhäher	Ebenso	4	18	März.

94   II. Teil. Einführung in die Jagdwissenschaft.

IV. Die Kynologie.

Die jagdlich wichtigsten Rassen[1]) sind folgende:

1. Der Vorstehhund.[2])

Derselbe war ursprünglich, wie schon sein Name anzeigt, vorzugsweise nur dazu bestimmt, sehr festliegendes Federwild, vor allem Rebhühner, dann auch Wachteln, Fasanen, Waldschnepfen und Bekassinen,

Fig. 29. Pointer.

im Norden Birkwild und Schneehühner aufzusuchen und vor denselben fest vorzustehen; als nächste Anforderung trat jedoch bald das Apportieren hinzu und heute verlangt man von einzelnen Hunden, die dann

---

[1]) E. Schlotfeldt: „Jagd-, Hof- und Schäferhunde". Berlin, Verlagsbuchhandlung Paul Parey. — „Rassekennzeichen der Hunde". München, 1892. — H. Sperling: „Rassehundtypen". Eberswalde, S. Dyck.

[2]) Wörz: „Der Vorsteh- und Gebrauchshund". 2. Aufl., München. — Oberländer: „Dressur und Führung des Gebrauchshundes". Neudamm. — Hegewald: „Der Hühnerhund als Gebrauchshund". Ebenda.

IV. Die Kynologie.

Fig. 30. Gordon-Setter.

speciell als **Gebrauchshunde** bezeichnet werden, auch noch, daß sie stöbern, im Wasser sicher arbeiten, am Riemen auf Schweiß arbeiten, verlorensuchen, sich ablegen lassen und Raubzeug bis zum Fuchs sicher

Fig. 31. Kurzhaariger deutscher Vorstehhund.

würgen. Abgesehen von den weniger wichtigen Rassen anderer Länder kommen vorzugsweise in Betracht:

A. Englische Vorstehhunde.

a) **Pointer** (Fig. 29), kurzhaarig, leichten und schweren Schlages; gelb oder weiß mit gelben Platten. Mit Ausnahme einzelner, besonders gut veranlagter und glänzend geführter Individuen in der Regel nur für die Hühnerjagd in freiem, ebenem Feld mit Vorteil verwendbar, hier aber infolge ihrer flotten Suche und ausgezeichneter Nase unübertrefflich.

IV. Die Kynologie. 97

b) Setter (Fig. 30), langhaarig; man unterscheidet englische Setter, weiß mit gelb, Irisch-Setter, dunkelrot, und Gordon-Setter, schwarz mit rostfarbigen Abzeichen. Setter haben sehr gute Suche und Nase, gehen auch ins Wasser, sind aber sehr weich und meist schwer zu behandeln.

B. Deutsche Vorstehhunde.

a) Kurzhaarig (Fig. 31); einfarbig braun, weiß mit braunen Platten, grau mit braunen Platten und braun gefleckt (Brauntiger);

Fig. 32. Rauhhaariger deutscher Vorstehhund.

ebenso, jedoch noch mit gelben Abzeichen (Württemberger Forellentiger); mausgrau (Weimaraner). Leichter und schwerer Schlag. Nächst den Pointers die besten speciellen Hühnerhunde, vorzügliche Apporteure, als Gebrauchshunde sehr gut verwendbar.

b) Rauhhaarig (Fig. 32); braun, grau mit braunen Platten und braun gestichelt, weiß mit braun. Als Hühnerhunde meist weniger geeignet als die vorigen, dagegen ihnen beim Stöbern, Buschieren und im Wasser und Sumpf überlegen; die vielseitigsten Gebrauchshunde, doch nicht für sehr warmes Klima.

Dombrowski, Jagd-ABC.

98 II. Teil. Einführung in die Jagdwissenschaft.

Fig. 33. Langhaariger deutscher Vorstehhund.

c) Langhaarig (Fig. 33); braun, weiß mit braun. In der Veranlagung zwischen den vorigen stehend; oft schwer und träge, deshalb zur Hühnerjagd nur in zweiter Reihe, in warmem Klima meist gar nicht verwendbar; vorzüglich im Wasser; in rauheren Gegenden mitunter recht gute Gebrauchshunde.

2. Der Schweißhund.[1])

Derselbe dient ausschließlich dazu, am Riemen auf der Fährte eines kranken Stückes, einerlei ob Schweiß in derselben liegt oder nicht,

Fig. 34. Hannoveraner Schweißhund.

unentwegt, ohne sich durch andere Kreuzfährten irre machen zu lassen, nachzuarbeiten und den Jäger so zu dem verendeten Stück zu führen; ist das Stück noch nicht verendet und noch fluchtfähig, so wird der Hund im letzten Augenblick geschnallt, d. h. von der Halsung gelöst; er hat nun das Stück zu hetzen, zu stellen und zu verbellen, so daß der folgende Jäger Gelegenheit hat, einen Fangschuß anzubringen. Der Schweißhund dient nur der hohen Jagd.

---

[1]) Quenfell: „Die Abstammung, Züchtung und Arbeit des Schweißhundes". 1889.

a) **Hannoveraner Schweißhunde** (Fig. 34). Rot, eventl. mit schwarzer Maske und schwarz gestromt. Man unterscheidet schwere und leichte Schweißhunde; erstere, die Nachkommen des Leithundes (oder wohl mit diesem identisch), sind nur für günstigeres Terrain verwendbar.

b) **Gebirgsschweißhunde.** Rot oder rotgelb, auch gestromt. Viel leichter, daher speciell für schwieriges Terrain gut geeignet.

3. Der Dachshund.[1])

Insbesondere zur Arbeit im Dachs= und Fuchsbau bestimmt, doch auch recht gut zum Brackieren und individuell auf Schweiß verwendbar.

Fig. 35. Kurzhaariger Dachshund.

Man unterscheidet bei allen drei Formen leichten und schweren Schlag, ersterer ist (bis zu einer gewissen Grenze) im Bau, letzterer für die anderen Zwecke vorzuziehen.

a) **Kurzhaarig** (Fig. 35), schwarz, mit rostgelben Abzeichen, ohne weiß, rot oder grau, braun getigert (Tigerdeckel).

b) **Rauhhaarig,** gelb, dunkler gestichelt, oder grau, dunkler gestichelt.

c) **Langhaarig,** schwarz, mit rostgelben Abzeichen.

---

[1]) Jgner: „Der Dachshund". 1896.

IV. Die Kynologie. 101

4. Der Foxterrier.

Neuerer Zeit gleichfalls zur Arbeit in Dachs- und Fuchsbau verwendet. Man unterscheidet:

a) glatthaarige Foxterriers und

b) rauhaarige Foxterriers (Fig. 36); beide sind nur im Haar unterschieden. Farbe ganz weiß oder mit schwarz und gelb gezeichnet.

Über die Zucht und Führung der einzelnen Hunderassen eine kurze Anleitung zu geben, unterlasse ich, da ihr jeder praktische Wert

Fig. 36. Foxterrier.

fehlen würde. Wer sich über dieses zu einer speciellen Wissenschaft ausgebildete Thema eingehende Information schaffen will, findet dieselbe in den angegebenen Spezialwerken.

Die übrigen jagdlich dann und wann verwendeten Hunderassen (Bracken, Retrievers, Spaniels, Beagles u. s. w.[1]) sind für den deutschen Jagdbetrieb minder wichtig.

[1] Vergl. Vero Schaw: „Das illustrierte Buch vom Hunde".

V. Grundzüge der Weidmannsprache.

Die deutsche Weidmannsprache, deren erste Anfänge sich bis in das 10. Jahrhundert verfolgen lassen und die wenigstens in Bezug auf die Hirsch- und Beizjagd schon in der höfischen Periode in hoher Blüte stand, ist ganz außerordentlich ausgebildet; ihre vollständige Kenntnis bildet sozusagen eine Wissenschaft für sich. Ein für die Praxis der Jagd vollkommen ausreichendes diesfälliges Wörterbuch giebt mein Werk: „Die Deutsche Weidmannsprache" (Neudamm, J. Neumann, 1892[1]), die umfassendste, auf etymologischen Grundlagen fußende Bearbeitung habe ich in Raoul von Dombrowskis „Allgemeiner Encyklopädie der gesamten Forst- und Jagdwissenschaften" (Wien, Perles, 1886—1893, 8 Bände) geliefert. Hier möge, unter Hinweis auf ersteres Werk, nur eine kurze, das Allerwichtigste zusammenfassende Übersicht Raum finden.

Rotwild.

Je nach dem Standorte unterscheidet man Berg- oder Gebirgs-, Tieflands-, Auen-, Ried-, Heide-Sandhirsche, oder noch lokaler Alpenhirsche, Taunushirsche, Harzhirsche u. s. w. Das Männchen heißt Hirsch, das Weibchen Tier, das Junge bis zum Schluß des Kalenderjahres Kalb. Der Hirsch wird anfangs als Hirschkalb, dann bis zu dem Zeitpunkt, wo er sein Erstlingsgeweih verreckt hat, als Schmalspießer, dann bis zur nächsten Abwurfsperiode als Spießer, im dritten und vierten Lebensjahre als geringer Hirsch, im fünften und sechsten, eventuell siebenten bis zehnten Jahre erst als gering jagdbarer, als angehend jagdbarer, dann als gut jagdbarer Hirsch, später als Kapitalhirsch und schließlich, wenn er am Höhepunkt seiner Entwickelung angelangt ist, als Haupthirsch angesprochen. Das Tier heißt erst Tier- oder Wildkalb, dann bis zur Brunft Schmaltier, sobald es beschlagen ist oder schon gesetzt hat: Alttier (Sammelname auch Mutterwild) und wenn es unfruchtbar geworden: Gelttier, scherzhaft alte Schachtel; Tiere, die ihre Kälber noch bei sich haben, heißen im Gegensatz zu den Schmal- und Gelttieren Kälbertiere. Der Hirsch trägt ein Geweih, dessen beiden Hauptteile die Stangen

---

[1]) Zweite Auflage unter der Presse.

heißen; sie fußen auf den Rosenstöcken, ihre rundlichen Erhabenheiten heißen Perlen und die Perlenkränze an der Basis der Stangen heißen die Rosen. Die Abzweigungen der Stangen heißen Enden, die drei untersten nennt man Aug=, Eis= und Mittelsproß; wenn außer diesen am Gipfel der Stange mindestens drei Enden beisammenstehen, so bilden dieselben die Krone. Bei drei Enden nennt man sie einfache Krone, ist sie mehrendig, je nach ihrer Form Hand=, Kelch=, Schaufel= oder Doppelkrone. Ein Zehnender, der keine Eissprossen, dafür aber die einfache Krone trägt, heißt Kronenzehner, sonst Gabelzehner; der Achter mit den drei unteren Enden heißt Spitzenachter, der Achter ohne Eißproß mit der Gabel am Stangenende Gabelachter. Ein Hirsch mit nur je einer glatten, endenlosen Stange heißt Spießer, ein solcher mit je zwei Enden (Stange und Augsproß) Gabler, tritt der Mittelsproß hinzu: Sechser, dann Achter, Zehner, Zwölfer, Vierzehnender, Sechzehnender u. s. w. Ist die Endenzahl an beiden Stangen gleich, z. B. je vier oder sechs, so ist der Hirsch ein gerader Achter bezw. gerader Zwölfer, ist dagegen die Endenzahl ungleich, so multipliziert man die Endenzahl der endenreicheren Stange mit zwei und spricht z. B. einen Hirsch, der an einer Stange zehn, an der anderen weniger Enden hat, als ungeraden Zwanzigender an. Trägt ein Geweih Abweichungen von der normalen Form, so heißt es abnorm, widersinnig oder monströs. Hirsche, die infolge schwächlicher Konstitution niemals Geweihe tragen, sondern nur kurze, meist etwas konische Rosenstöcke, heißen Kahlhirsche oder Mönche. Ein Spießer, der aus gleichem Grunde keine eigentlichen Spieße, sondern nur rundliche Knöpfe aufsetzt, heißt Knopfspießer. Das Auge heißt Licht, das Maul Geäse, die Eckzähne des Oberkiefers Haken, die Nase Windfang, die Zunge Lecker, Graser, Weidlöffel oder Weidmesser, das Ohr Lauscher oder Loser, der Fuß Lauf, die Schulter Blatt, die Mitte der Brust Stich, der Rücken Ziemer, die Rippe Feder, der hintere Oberschenkel Keule, die Verbindung der Oberschenkel das Kreuz oder Schloß, der Schwanz Wedel, die nach rückwärts gekehrte Seite der Keulen Spiegel oder Scheibe, die Afteröffnung Weidloch, das männliche Glied Rute, Brunstrute, der Haarbüschel daran Pinsel, die Hoden Kurzwildbret oder Geschröte, der braune Fleck, der dasselbe und die Brunst=

rute in der Brunft umgiebt, Brunftfleck, das weibliche Glied Feucht-blatt, der es überdeckende lichte Haarbusch Schürze. Die Begattung heißt Brunft, das Rotwild brunftet, das Tier ist brunftig; der Hirsch besteigt das Tier und beschlägt es, hat letzteres empfangen, so ist es beschlagen, es trägt oder ist tragbar, knapp vor dem Setzen hochbeschlagen oder hochtragbar. Das Rotwild zieht, wechselt, trollt, flüchtet, ist flüchtig, es tritt aus, zieht zu Holz, steht im Revier, ist Stand- oder Wechselwild, je nachdem es sich dauernd in einem Revier aufhält oder nur vorübergehend darin vorkommt. Es nimmt seine Äsung, äst sich. Es ist vertraut oder rege, wirft auf, verhofft; es schöpft Wasser, rinnt durch das-selbe; es überfällt Wege, Zäune 2c., es bricht durch die Treiberwehr, es forciert Lappen. Die Fährte ist bei Hirsch und Tier verschieden, sie hat bestimmte Zeichen, deren wichtigste heißen: Schrank, Burg-stall, Zwingen, Beitritt, Kreuztritt, Hinterlassen, Ballen-zeichen, Übereilen, Oberrücken, Blenden, Stumpf, Faden, Abtritt, Insiegel, hohes Insiegel, Einschlag, Schlußtritt, Umschlag, Wiedergang, Nässen, Wimpelschlag; die über der Erde gelegenen Zeichen des Hirsches, das Fegen, Wenden und Schlagen, bilden die Himmelszeichen. Das Blut heißt Schweiß (bei allem Wilde), das Fett Feist oder Weiß, das Fell Haut oder Decke, das edle Eingeweide Geräusch, das übrige Gescheide, der Magen Wanst oder Pansen. Das Rotwild hat ein Bett als Ruhe-platz, es thut sich darin nieder, es sitzt darin, wird daraus hoch. In der Brunft schreit, röhrt oder orgelt der Brunfthirsch; der Ort, auf dem er dann mit seinem Rudel Kahlwild steht, heißt Brunft-plan; Nebenbuhler kämpft er ab, er trachtet sie zu forkeln, d. h. mit dem Geweih zu verletzen. Der Hirsch, welcher am Brunftplan Sieger bleibt, heißt Platzhirsch; geringe Hirsche, die sich einem starken beigesellen und von ihm geduldet werden, heißen Beihirsche. Der Hirsch suhlt sich in der Suhle. Das Rotwild wird geschossen, erlegt oder gestreckt, angeschweißt, es zeichnet im Schuß, stürzt oder bricht zusammen, es endet, verendet durch gewaltsame Ur-sache, und wenn es durch Hunger oder Krankheit stirbt, so fällt es oder geht ein. Erlegtes Rotwild wird gelüftet, aufgebrochen, aus der Haut geschlagen und zerwirkt.

Rehwild.

Im allgemeinen gilt für Rehwild dieselbe Ansprache wie für Rotwild; specielle Ausdrücke sind folgende: Das Männchen heißt Bock, das Weibchen Geiß oder Ricke, das Junge Kitz, und zwar je nach dem Geschlecht Kitzbock und Kitzgeiß. Der Bock trägt ein Gehörn oder Gewicht, und zwar ist er, wenn er nur Spieße trägt, ein Spießer, wenn er an jeder oder wenigstens an einer Stange zwei Enden trägt, ein Gabler, bei drei Enden ein Sechser, bei vier Enden ein Achter; höhere Endenzahl kommt nur ganz ausnahmsweise vor. In Österreich und Preußisch-Schlesien nennt man den Sechser auch Kreuzbock, doch gilt dieser Ausdruck eigentlich nur für solche Böcke, die ein Kreuzgehörn tragen, d. h. bei denen von der Stange vorn und rückwärts in ganz gleicher Höhe und horizontaler Richtung je ein Ende abzweigt, so daß ein mehr oder weniger regelmäßiges Kreuz entsteht. Die Ausdrücke Rosenstock, Rose und Perle gelten auch vom Rehbock; die besonders starken Perlen der Rosen bezeichnet man mitunter als Steine. Böcke, deren Gehörne in irgend einer Weise verkümmert sind, heißen Kümmerer; wuchernde Gehörne, als Folge von Verletzungen des Kurzwildbrets, heißen Perücken; sie werden nicht gefegt und führen meist das Verenden ihres Trägers herbei. Die Geiß heißt bis zum Ende des Geburtsjahres Kitzgeiß, dann bis zur Brunftzeit Schmalgeiß, sobald sie beschlagen ist: Altgeiß, und wenn sie gelt ist: Geltgeiß. Der weiße Fleck an den Keulen heißt Spiegel. Der Bock schreckt, die Geiß schmält, im Schmerz klagt das Reh. Der Bock springt in der Brunft auf das Blatt, wenn er sich durch Nachahmung des Fieplautes der Geiß anlocken läßt; diesfällige Instrumente heißen Blatter.

Damwild.

Das Männchen heißt Damhirsch, das Weibchen Damtier, das Jungwild Damkitz oder mit Unterscheidung des Geschlechtes Damhirschkalb und Damwildkalb. Sobald das Damhirschkalb mit dem Verrecken seines Erstlingsgeweihes beginnt, wird es als Damspießer angesprochen; auf der zweiten Geweihbildungsstufe wird der Damhirsch Zweiköpfer oder Löffler, auf der dritten gleichfalls Löffler, Dreiköpfer oder Halbschaufler, später angehender, braver Schaufler, endlich Kapital- und Hauptschaufler genannt. Der Hauptschmuck des Damhirsches heißt Geweih, die schaufelförmigen Geweihe der starken Hirsche, welche nicht wie beim Rothirsch nach Enden angesprochen werden, nennt man Schaufeln. Im übrigen alles wie beim Rotwild.

Elchwild.

Das Männchen heißt Elchhirsch, das Weibchen Elchtier, das Kalb Elchkalb, bezw. Elchhirschkalb oder Elchwildkalb. Der Hirsch wird im zweiten Jahre als Spießer, dann als Gabler, später aber nicht mehr nach den Enden, sondern wie der Damhirsch als geringer, angehender, starker, kapitaler oder Hauptschaufler angesprochen. Die Geweihstangen heißen Schaufeln, der behaarte Kehlbeutel wird Bart genannt. Im übrigen alles wie beim Rotwild.

Gemswild.

Das Männchen heißt Bock, das Weibchen Geiß, das Junge Kitz, und zwar Kitzbock oder Kitzgeiß. Die Gehörne beider Geschlechter heißen Krickeln, die verlängerten Schulterrückenhaare des Bockes in der Brunft bilden den Bart, Gemsbart; derselbe ist angereimelt, wenn seine Spitzen licht gefärbt sind. Alte, einsiedlerisch lebende Böcke werden Einsiedler-, Laub-, Latschen-, Wald- oder Stoßböcke genannt; die das Rudel leitende Geiß heißt Leitgeiß, Leitgemse. Die Gemse stellt sich ein oder springt, steht ein, wenn sie an eine für Menschen und Hunde unzugängliche Stelle wechselt und dort im Gefühle der Sicherheit ruhig verbleibt; solche Plätze, die regelmäßig aufgesucht werden, heißen Einstände. Wechsel, welche so beschaffen sind, daß sie von Gemsen, wenn sie dieselben einmal angenommen haben, eingehalten werden müssen, weil beiderseits steile Wände oder Abgründe ein Ausbiegen unmöglich machen, heißen gezwungene Wechsel oder Zwangswechsel. Im übrigen alles wie beim Rotwild.

Schwarzwild.

Das Wildschwein heißt weidmännisch Sau oder ein Stück Schwarzwild, scherzhaft Schwarzkittel. Im ersten Lebensjahre heißen die Jungen Frischlinge, vom Beginn des neuen Jahres an nennt man sie jährige, übergangene oder überlaufene Frischlinge. Von da ab macht man einen Unterschied im Geschlecht: Das

V. Grundzüge der Weidmannsprache. 107

Weibchen heißt ein Jahr hindurch zweijährige, dann dreijährige Bache und später schlechtweg starke, alte, grobe Bache; das Männchen zweijähriger, dann dreijähriger Keiler, später angehendes, dann hauendes Schwein und endlich etwa vom achten Jahre ab Hauptschwein. Der Vorderkopf heißt Wurf, der Rüssel Gebräche; die Sauen gehen ins Gebräche, wenn sie nach Fraß brechen, sie fressen. Die unteren Hauzähne des Keilers heißen Waffen, Gewaff, Gewehre, die oberen Haderer, erstere bei der Bache Haken. Die Bache frischt ihre Jungen, wenn sie dieselben zur Welt bringt; die Zeit, in der dies geschieht, heißt Frischzeit. Die Rückenborsten heißen Federn, die übrigen Haare Borsten, die Haut Schwarte, die erlegte Sau wird abgeschwartet. Der Schwanz heißt Bürzel oder Federlein. Die Begattungszeit heißt Rausch- oder Brunftzeit, die Sauen rauschen oder brunften. Die einzelne Sau hat ein Lager, mehrere dicht beisammen befindliche Lager eines Rudels bilden einen Kessel, in den sich das Schwarzwild einschiebt, einkesselt. Das Schwarzwild steht nicht im Revier, es steckt oder liegt darin, es steckt sich in eine Dickung. Vor den Hunden stellt es sich, es schlägt sie ab, streitet sie ab, es schlägt den Hund oder auch den Jäger. Auf die Saufeder, d. h. eine Art Lanze, läuft es auf, es läuft die Feder an, Jäger und Hunde nimmt die Sau an, die Hunde stellen, packen und decken sie. Die Harzkruste, die grobe Sauen auf den Blättern tragen, heißt Panzer, und solche Sauen nennt man deshalb auch Panzerschweine.

Bär.

Das Männchen heißt Bär, das Weibchen Bärin; vom ersten bis zum vollendeten dritten Lebensjahre wird der Bär als Jungbär, vom vierten bis zum sechsten Lebensjahre als Mittelbär, später als Hauptbär angesprochen. Der Bär hat Branken oder Tatzen, der Schwanz heißt Bürzel; er brummt, er geht von oder zu Holz, er verläßt sein Lager oder Loch, er sucht es auf; er erhebt und erniedrigt sich; er schlägt seine Beute; er schlägt sich ein, wenn er sein Winterlager aufsucht. Seine Begattungszeit heißt Bärzeit, die Begattung selbst das Bären, die Bärin bringt oder bärt ihre Jungen. Der erlegte Bär wird aufgeschärft, seine Haut abgeschärft.

Wolf.

Der Wolf hat Lauscher, Lichter, Gebiß, Fänge, Klauen, einen Balg, eine Rute oder Standarte, Fett, Fleisch, ein Lager; er ranzt, die Wölfin wölft. Er trabt und ist flüchtig. Seinen Raub reißt und frißt er. Rotte heißt die Vereinigung mehrerer Wölfe. Der junge Wolf heißt, so lange er im Lager bleibt, Nest=wolf. Der erlegte Wolf wird gestreift.

Luchs.

Der Luchs hat einen Balg, Fänge, Gehöre, Seher, Branken, Krallen, eine Rute. Er trabt, schnürt, schränkt, flüchtet; er raubt und reißt seine Beute und frißt sie. Er baumt und springt, er hat ein Lager. Die Paarzeit heißt Ranzzeit; der Luchs ranzt, die Luchsin begehrt, wenn sie den Ranztrieb empfindet, und bringt ihre Jungen.

Hase.

Das Männchen heißt Hase oder Rammler, das Weibchen Häsin oder Setzhase; hat der Junghase sein Wachstum zu einem Viertel vollendet, wird er Quarthase, wenn er die Hälfte der nor=malen Stärke erreicht, halbwüchsig oder halbgewachsen, bei drei Vierteilen Dreiläufer genannt, später als ausgewachsener oder vollwüchsiger junger Hase bezeichnet. Scherzhafte Bezeichnungen für den Hasen sind Lampe und (speciell in Norddeutschland) „der Krumme". Der Hase hat Augen, Löffel, einen Balg, eine Blume, Wolle, Läufe; die Hinterläufe nennt man auch Sprünge, die Fährte Spur. Der Begattungsakt heißt das Rammeln, der Hase rammelt in der Rammelzeit; die Zeit, wo die Häsin Junge setzt, heißt Setz=zeit. Die Anzahl der von einer Häsin gleichzeitig gesetzten Hasen heißt ein Satz, ebenso nennt man alle in einer bestimmten Zeit gesetzten Junghasen des Revieres einen Satz und spricht demgemäß von einem ersten, zweiten, dritten Satz. Die Häsin hat inne, wenn sie trächtig ist. Der Hase äst, äst sich, nimmt seine Weide. Ist der Hase mager oder dick, so sagt man er ist schlecht oder gut, er ist fett, hat Fett. Der Hase sitzt in seinem Lager, das auch Sasse genannt wird; er lagert oder sasset sich in demselben; legt er sich darin aus

V. Grundzüge der Weidmannsprache.

Angst vor einer nahenden Gefahr völlig platt nieder, so **drückt er sich**; dieser Ausdruck wird auch gebraucht, wenn er sich in einer Ackerfurche, einem Graben ꝛc. ungesehen langsam fortzustehlen trachtet. Jäger oder Hunde **stoßen, stechen** oder **thun** den Hasen **auf**, wenn sie ihn aus seinem Lager aufjagen; der Platz, wo dies geschieht, heißt der **Aufstich**. Verläßt der Hase aus eigenem Antriebe sein Lager, so **steht er aus demselben auf**; läßt er den Jäger oder Hund nahe herankommen, so **hält er gut**, andernfalls **schlecht**. Der Hase **rückt** aus dem Walde ins Feld und umgekehrt, wenn er seiner Äsung nachgeht. Der Hase **hoppelt**, wenn er sich in kurzen Sprüngen langsam fortbewegt; die langsamste, oft unterbrochene Fortbewegung auf der Weide heißt das **Rutschen**. Setzt sich der Hase auf die Sprünge, Kopf und den ganzen Körper hoch aufgerichtet, so macht er ein **Männchen**, hebt er sich gänzlich auf die Fersen, so **kegelt** er, macht einen **Kegel**. Wenn ein Hase mit den Läufen den Boden aufscharrt, so sagt man, er **nagelt**. Er springt über Gräben, er **schlägt Haken**, wenn er sich in schnellster Gangart verfolgenden Hunden durch **Absprünge** und **Widergänge** zu entziehen trachtet. Er **rinnt** durch das Wasser. Der angeschossene oder vom Hund oder Raubzeug erfaßte Hase **klagt**; der angeschossene, noch nicht verendete Hase wird **abgeschlagen** oder **abgenickt**, indem man ihn an den Hinterläufen emporhebt und ihn durch einen Schlag ins Genick tötet. Der Hase wird **ausgeworfen** oder **ausgeweidet**; sein **Balg** wird **gestreift**. Herz, Leber, Lunge, die untere Hälfte der Rippen, die Blätter und der Hals werden zusammen als **junger Hase**, das Junge vom Hasen, **Hasenjung** oder **Hasenklein** bezeichnet. Giebt es in einem Jahre viel oder wenig Hasen, so bezeichnet man dasselbe als **gutes** oder **schlechtes Hasenjahr**.

Kaninchen.

Für dasselbe gelten dieselben Ausdrücke wie für den Hasen. Der Rammler wird auch **Bock** genannt, die unterirdische Behausung **Bau**. **Frettieren** nennt man jene Jagdmethode, bei welcher die Kaninchen durch eine Marderart, das **Frett** (Foetorius furo), aus den Bauen getrieben werden. **Kaninchenhaube** ist ein kleines, haubenförmiges Netz, welches man beim Frettieren vor eine freie Röhre legt, um Kaninchen lebend zu fangen.

Dachs.

Der Dachs hat Branken, keine Füße, deren Zehen samt den Nägeln Klauen heißen; sein Schwanz wird Bürzel oder Zain, sein Fell Schwarte, Dachsschwarte genannt. Der Dachs schleicht oder trabt, seine unterirdische Wohnung heißt Bau; derselbe besteht aus einer weiten Höhlung, dem Kessel, und einer Anzahl von der Erd= oberfläche dahin führender Röhren, welche auch Geschleife oder Einfahrten genannt werden. Der Dachs bewohnt seinen Bau, er sitzt im Kessel; wenn er sich dahin begiebt, so fährt er ein, im Gegenfalle fährt er aus; zeigen die Spuren am Ausgange der Röhren, daß der Bau bewohnt ist, so nennt man ihn einen be= fahrenen Bau. Die Zeit der Begattung des Dachses heißt Ranz= oder Rollzeit, er ranzt oder rollt, die Dächsin bringt Junge. Der Dachs weidet sich, wenn er frißt, er sticht oder wurzelt nach der Erd= oder Untermast, d. h. nach Engerlingen und Wurzeln. Beim Dachsgraben schlägt man an der Stelle ein, wo der Dachs liegt, was man am Lautgeben des Dachshundes erkennt, wenn der= selbe fest vorliegt; der Dachshund treibt den Dachs stark an, dieser verklüftet oder versetzt sich vor ihm und schlägt, d. h. beißt ihn womöglich, auch schlägt er ihn mit den Branken. Der verendete Dachs wird aufgebrochen und abgeschärft oder abgeschwartet.

Fuchs.

Das Männchen heißt Fuchs oder Rüde, das Weibchen Füchsin oder Fähe. Er hat einen Balg, Seher, Lauscher, Läufe, Branken, keinen Schwanz, sondern eine Lunte oder Standarte, deren äußerste Spitze Blume genannt wird; die mit einem rauhen Haarbüschel be= deckte Drüse am Luntenansatz heißt Viole oder Nelke. Der Fuchs kriecht zu Bau, er steckt in, fährt in denselben; er schleicht, trabt, schnürt, ist oder geht flüchtig; er bellt, keckert im Zorn, klagt im Schmerz. Das männliche Glied heißt Rute, das weibliche Schnalle; die Begattungszeit heißt Ranz= oder Rollzeit, die Füchse ranzen oder rollen; die Füchsin rennt, wenn sie hitzig ist, sie wölft oder wirft ihre Jungen, deren Gesamtheit ein Wurf oder eine Hecke genannt wird. Der Fuchs reißt seine Beute, dieselbe heißt dann Riß, Fuchsriß; er schneidet sie an, frißt sie. Der erlegte

V. Grundzüge der Weidmannssprache.

Fuchs wird gestreift. Man unterscheidet zwei Farbenarten: den Birk- oder Rotfuchs, licht-fuchsrot mit weißer Kehle und Blume, und den Brand- oder Kehlfuchs, dunkler rot mit schwärzlicher Unterseite und dunkler Blume.

Auerwild.

Das Männchen heißt Hahn, das Weibchen Henne. Beim Hahne nennt man den oberhalb der Augen stehenden, halbmondförmigen, kahlen, warzigen Fleck von leuchtend-roter Farbe die Rose, den Federbart und die gesträubten Halsfedern des balzenden Hahnes Balzkragen, die Steuerfedern den großen Stoß, die unteren, weißgefleckten Schwanzdeckfedern den kleinen Stoß, die an der Innenseite der Zehen stehenden, lanzettförmigen Hornfedern, welche voll ausgebildet nur in der Balzzeit vorhanden sind, Balzfedern, Balzstifte. Der Auerhahn fällt auf dem Boden ein, auf einem Baume an oder auf, er fußt, tritt, steht auf demselben an oder schwingt sich ein, wenn er sich setzt; er streicht, steht oder reitet ab, wenn er von einem Baume wegfliegt, und fällt oder steigt ab, wenn er dies thut, um sich in der Nähe auf dem Boden niederzulassen; er steht auf dem Baume; er wird von demselben ab- oder von der Erde aufgetreten, wenn man ihn verscheucht; der Auerhahn überstellt sich, wenn er von einem Ast eines Baumes auf einem anderen oder auf einem benachbarten Baume antritt. Die Begattungszeit des Auergeflügels heißt die Balz, es balzt, wenn es sich begattet, balzt ab, wenn es aufhört zu balzen. Der Auerhahn balzt mitunter auch auf dem Boden (Bodenbalze), die hierbei gemachten Sprünge nennt man Balzsprünge. Wilde Balze oder Afterbalze nennt man das Balzen außerhalb der normalen Zeit. Der Auerhahn tritt die Henne, wenn er sie befruchtet; die ausgebrüteten Jungen bilden ein Gesperre.

Birkwild.

Für dasselbe gelten im allgemeinen die gleichen Ausdrücke; der Stoß des Hahnes heißt Spiel.

Haselwild.

Die Balzlaute des Hahnes heißen das Spießen und Bisten sonst alles wie beim Auerwild.

Rebhuhn.

Das Männchen heißt Hahn, das Weibchen Henne, beide zusammen heißen ein Paar und die Vereinigung eines solchen mit seinen Jungen nennt man Kette oder Volk; in der Periode vor der Brütezeit, wo die Hühner paarweise liegen, nennt man sie Paarhühner; die Begattungszeit heißt Paarzeit. Die Hühner liegen auf dem Felde. Sie stehen oder stieben auf, wenn sie sich in die Luft erheben, streichen, wenn sie fliegen, und fallen ein, wenn sie sich niederlassen. Die Stelle, wo sie die Nacht über dicht gedrängt beisammenliegen, heißt Lager oder Geläger, die dort angehäuften Exkremente nennt man Gestüber. Wenn sie sich in Staub oder Sand baden, so stäuben sie sich. Gelingt es bei der Jagd, eine Kette auseinander zu bringen, so ist sie gesprengt; die Hühner zerfallen, wenn sie einzeln einfallen. Eine Kette ist geschlossen, so lange keines ihrer Glieder fehlt. Die Füße heißen Ständer. Die dunkelbraune Zeichnung auf der Brust des Hahnes und sehr alter Hennen heißt das Schild, die Hühner schildern, wenn sich dasselbe zu bilden beginnt. Die Jungen heißen Gabelhühner, wenn erst die beiden äußersten Stoßfedern ausgeschoben sind, so daß der Stoß ein gabelförmiges Aussehen hat; später, wenn alle Stoßfedern vorhanden, nennt man sie vollschwänzig, und, wenn sie auch schon die blaugraue Halsfärbung angenommen haben, Blaukragen. Vom Oktober ab pflegt man scherzhaft zu sagen, daß die Hühner goldene Federn haben, weil sie dann schon sehr schwer zu bekommen sind. Die Hühner locken oder rufen und man verhört sie hiernach am Morgen, d. h. beobachtet die Plätze, wo sich die Ketten nach mehrfachem Hin- und Herstreifen niederlassen, um dort, nachdem sie sich zusammen gerufen, den Tag über zu verbleiben.

Waldschnepfe.

Die Waldschnepfe balzt; wenn sie in der Balzzeit abends umherstreicht, stößt sie hierbei eigentümliche Laute, das Quarren und das Puitzen, aus. Die Füße heißen Tritte, der Schnabel Stecher, mit ihm sticht sie in weichem Boden und auch in Kuhfladen nach Äsung. Schnepfenstrich ist die Zugzeit der Waldschnepfe. Lagerschnepfen

V. Grundzüge der Weidmannssprache.

sind solche, die den Winter bei uns zubringen. Buschieren nennt man jene Jagdmethode, bei welcher man untertags Waldschnepfen mit dem Vorstehhunde aufsucht und vor diesem im Aufstehen schießt.

Wildente.

Das Männchen heißt Entvogel oder Erpel, das Weibchen schlechtweg Ente. Die bei den meisten Entenarten grellgefärbten mittleren Schwungfedern (z. B. bei der Stockente blau, bei der Krickente grün) bilden den Spiegel. Die Füße heißen Latschen oder Ruder; die Ente liegt auf dem Wasser, sie steht auf dem Lande, sie rudert, wenn sie schwimmt. Die Paarzeit heißt Reihzeit, die Enten reihen. Die Brut heißt Geheck; eine Familie heißt Kette, in Norddeutschland auch Schoof. Mehrere Ketten bilden, je nach ihrer Zahl, einen gering= oder starkzähligen Flug, Vereinigungen von 100 oder mehr Enten nennt man Schar.

Raubvögel.

Die mit Klauen bewaffneten Füße nennt man Fänge. Die Raubvögel haben Horste, nicht Nester; sie schlagen ihre Beute und kröpfen sie. Sie baumen, blocken oder haken auf, wenn sie sich auf einen Baum setzen; sie streichen, ziehen, kreisen, stoßen auf einen Feind oder eine Beute.

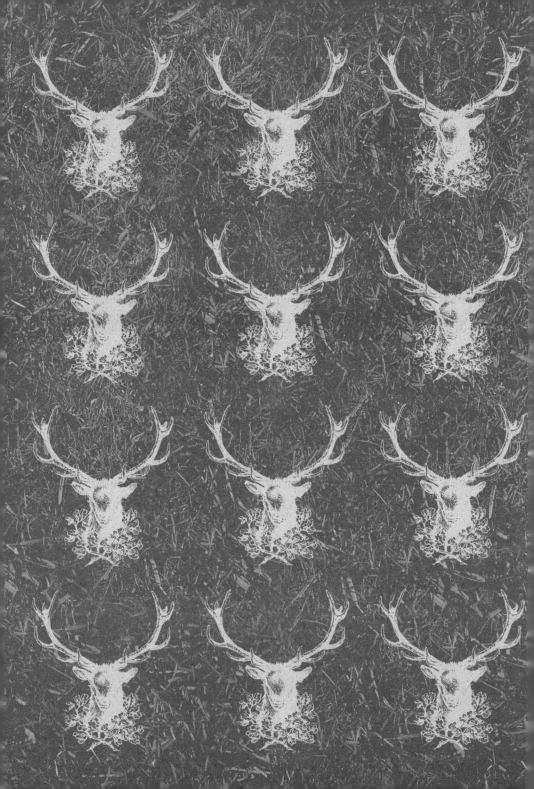